キータイピングは、人差し指から小指まで、合計８本の指で行うのが基本です。
各指が担当するキーは以下の通りです。
スムーズなタイピングが行えるように指のポジションを覚えましょう。

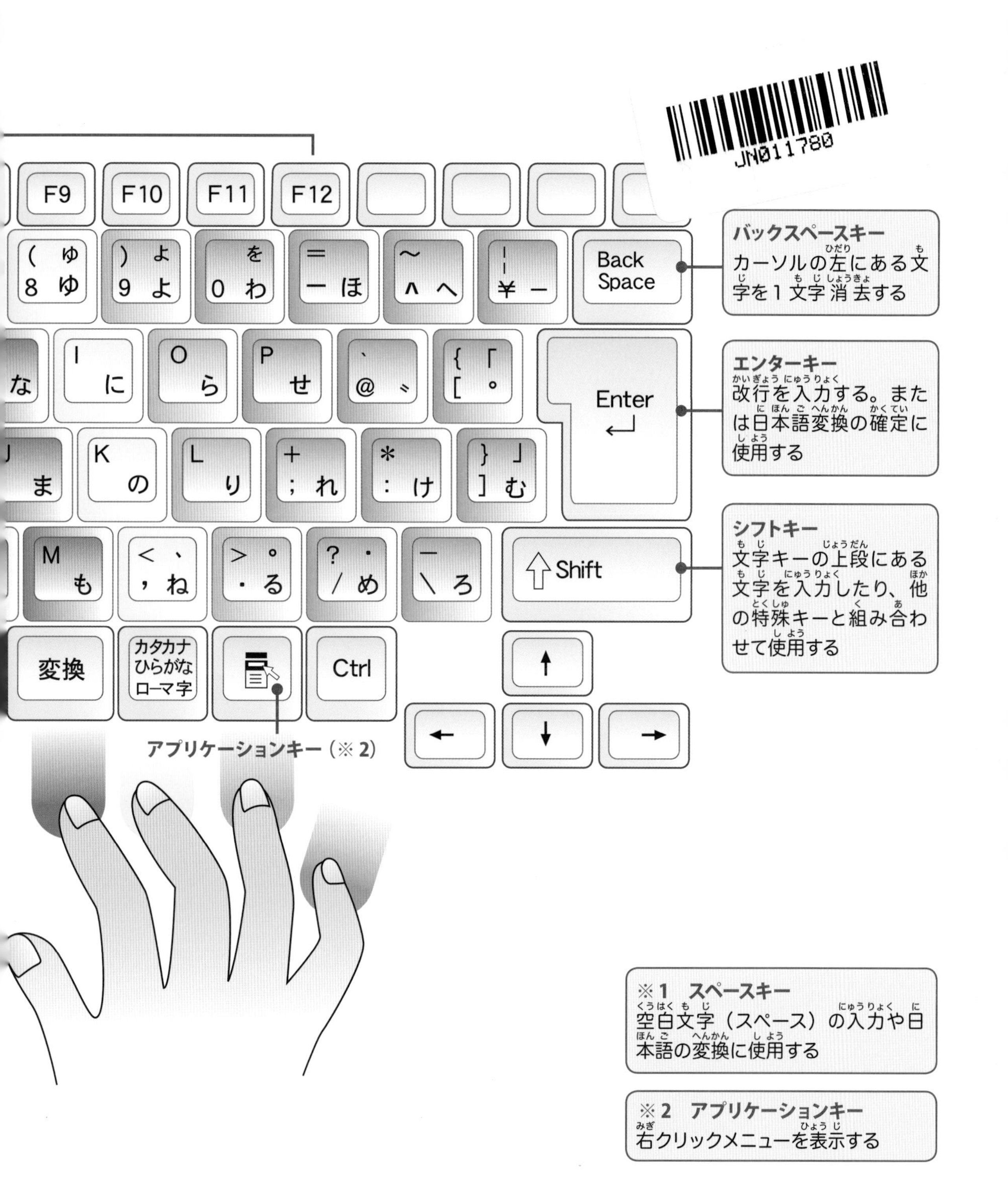

留学生(りゅうがくせい)のための

Word

ドリルブック

Word 2019 対応(たいおう)

もくじ

本書に掲載している問題の「演習用ファイル」や「解答例のファイル」は、以下の URL からダウンロードできます。

◆ Word ファイルのダウンロード URL
https://cutt.jp/books/978-4-87783-792-1/

Step 01 文字入力とファイルの保存

01-1 文字入力と文字の修正

（1）Wordを起動し、以下のように文字を入力してみましょう。

文書の作成
ワードの使い方
これからWordの使い方を学習します。

※「Word」は半角文字で入力します。

```
文書の作成↵
ワードの使い方↵
これから Word の使い方を学習します。↵
↵
```

Hint：[半角/全角]キーを押すと、「半角英数」と「ひらがな」の入力モードを切り替えられます。

（2）以下のように文字を修正してみましょう。

ワード → Word
学 習 → 練 習

```
文書の作成↵
Word の使い方↵
これから Word の使い方を練習します。↵
↵
```

（3）文書を保存しないで、Wordを終了してみましょう。

01-2 ファイルの保存

（1）Wordを起動し、以下のように文字を入力してみましょう。

2021年6月3日

発表会のお知らせ

今年も吹奏楽部の発表会を開催します。誰もが知っている定番曲だけでなく、自分たちで作曲したオリジナル曲の演奏も行います。ぜひ、ご来場ください。

日時：6月24日□午後2時～午後4時
場所：セントラルホール
入場料：無料

岩山市□吹奏楽部

2021年6月3日↵
↵
発表会のお知らせ↵
↵
今年も吹奏楽部の発表会を開催します。誰もが知っている定番曲だけでなく、自分たちで作曲したオリジナル曲の演奏も行います。ぜひ、ご来場ください。↵
↵
↵
日時：6月24日　午後2時～午後4時↵
場所：セントラルホール↵
入場料：無料↵
↵
岩山市　吹奏楽部↵
↵

（2）演習（1）で作成した文書を「01-2-2発表会のお知らせ」という名前でファイルに保存してみましょう。

（3）いちどWordを終了し、先ほど保存した「01-2-2発表会のお知らせ」のファイルを開いてみましょう。

01-3 表示倍率の変更

（1）画面の表示倍率を200%に拡大してみましょう。

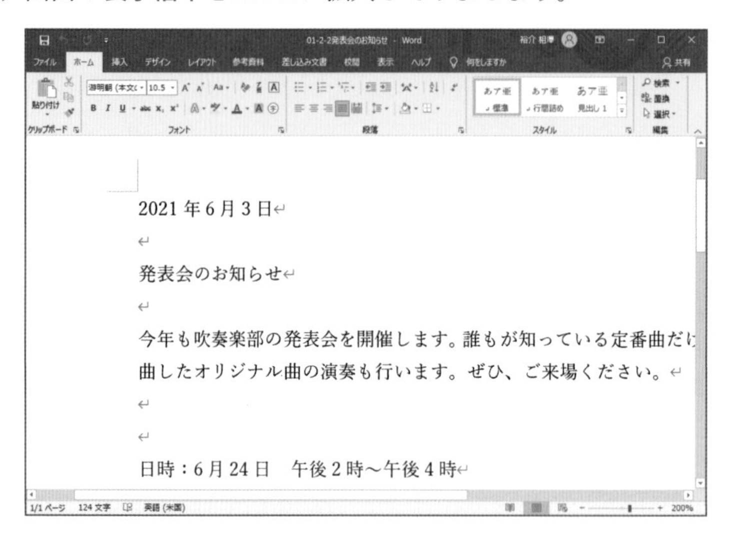

（2）画面の表示倍率を80%に縮小してみましょう。

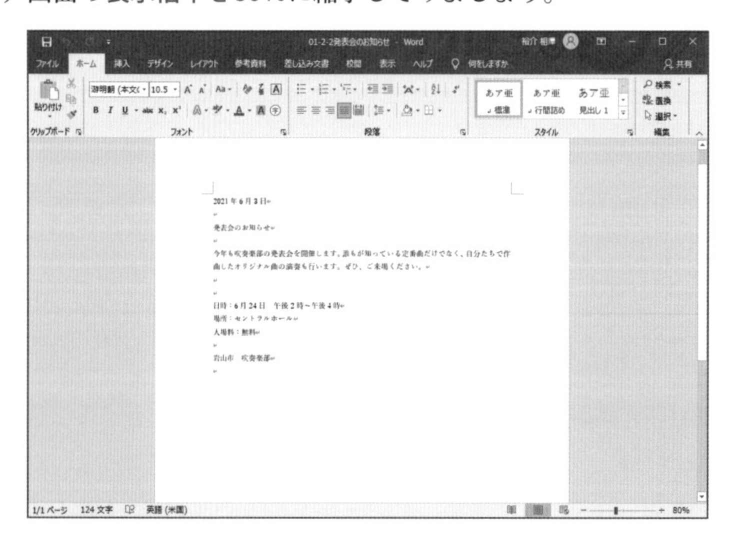

Step 02 文字の書式

02-1 フォント、文字サイズ、文字色の指定

（1）ステップ01で保存した「01-2-2発表会のお知らせ」を開き、以下のように文字サイズを変更してみましょう。

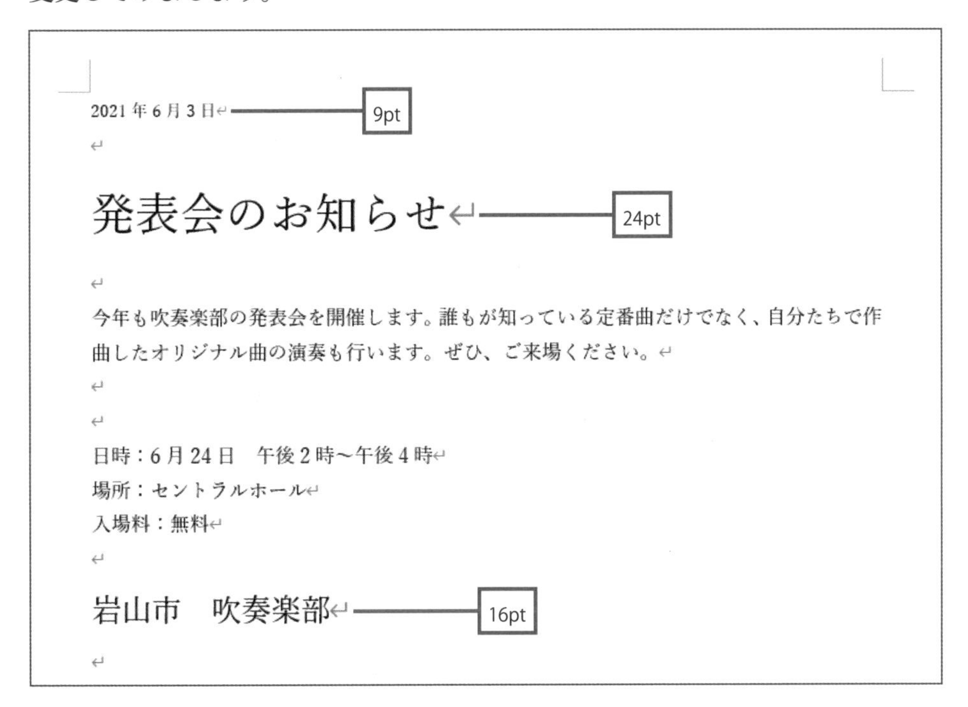

2021年6月3日 — 9pt

発表会のお知らせ — 24pt

今年も吹奏楽部の発表会を開催します。誰もが知っている定番曲だけでなく、自分たちで作曲したオリジナル曲の演奏も行います。ぜひ、ご来場ください。

日時：6月24日　午後2時～午後4時
場所：セントラルホール
入場料：無料

岩山市　吹奏楽部 — 16pt

MEMO

「文字の書式」を変更するときは、［ホーム］タブを選択し、「フォント」グループにあるコマンドを操作します。

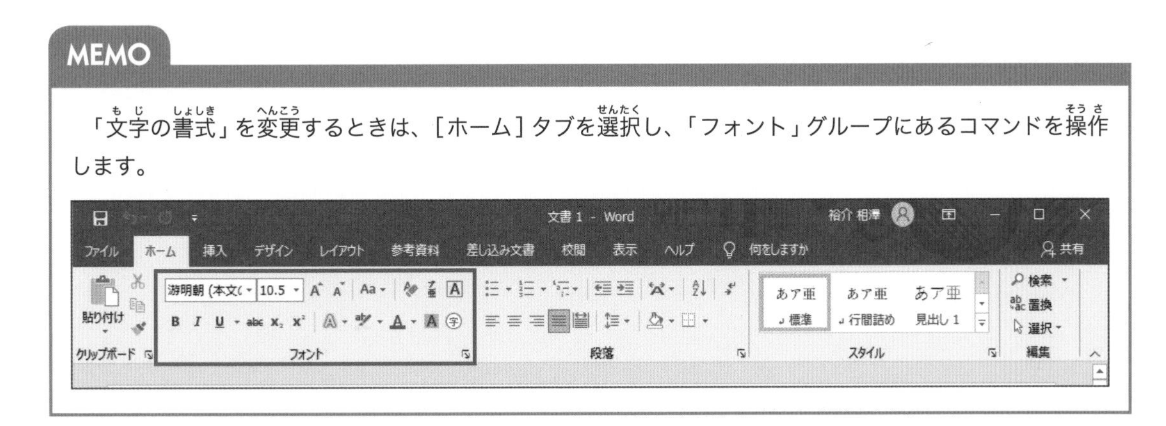

（2）フォントを以下のように変更してみましょう。

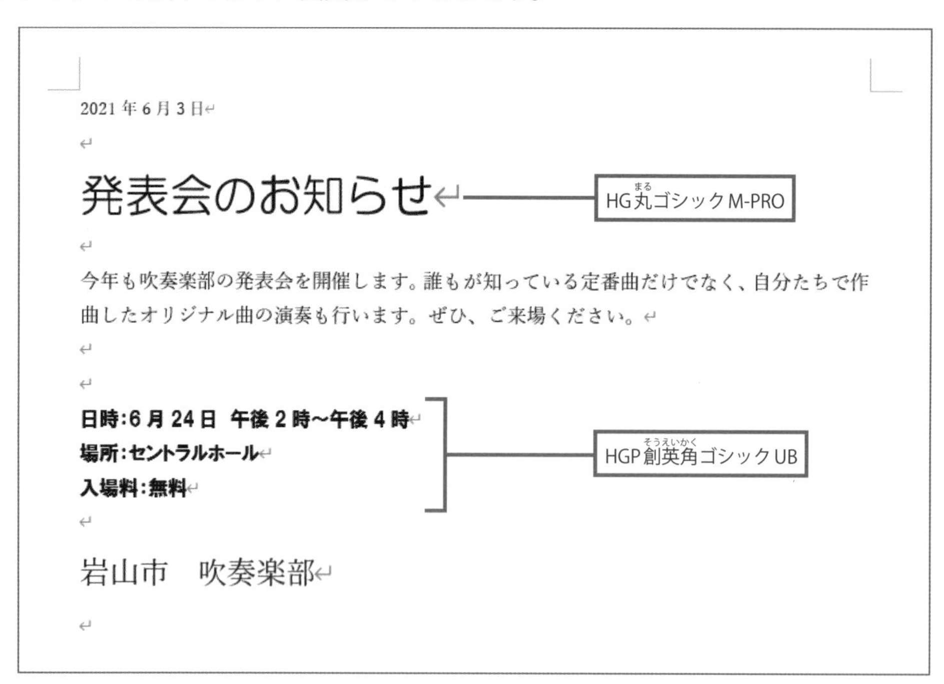

（3）文字の色を以下のように変更してみましょう。

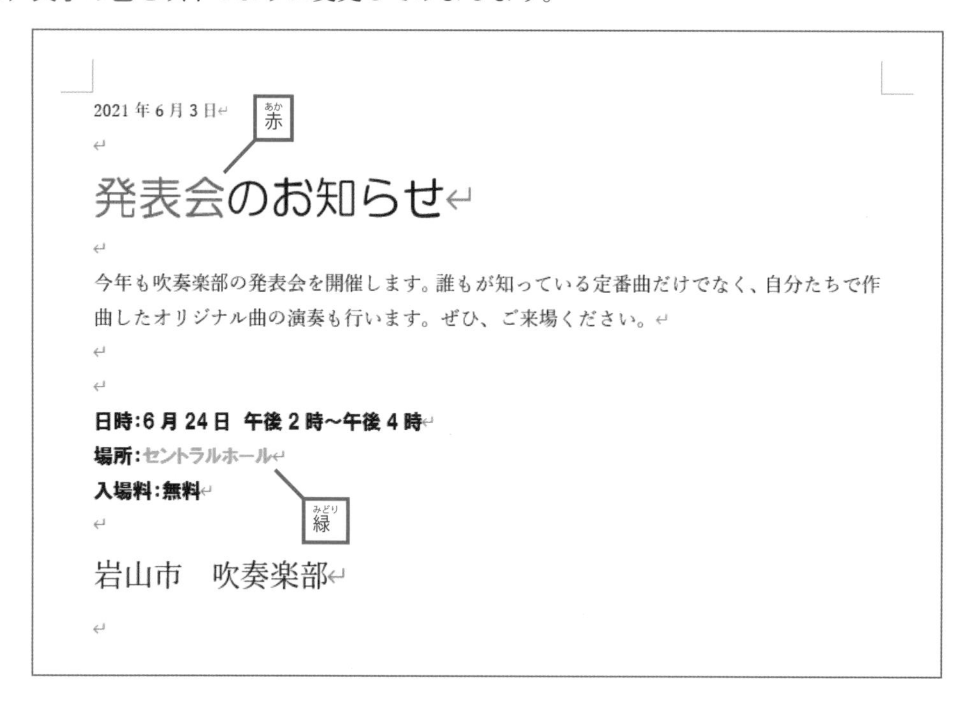

02-2 書式のクリアと再指定

（1）（すべての書式をクリア）を使って、これまでに指定した書式をすべて解除し、最初の状態に戻してみましょう。

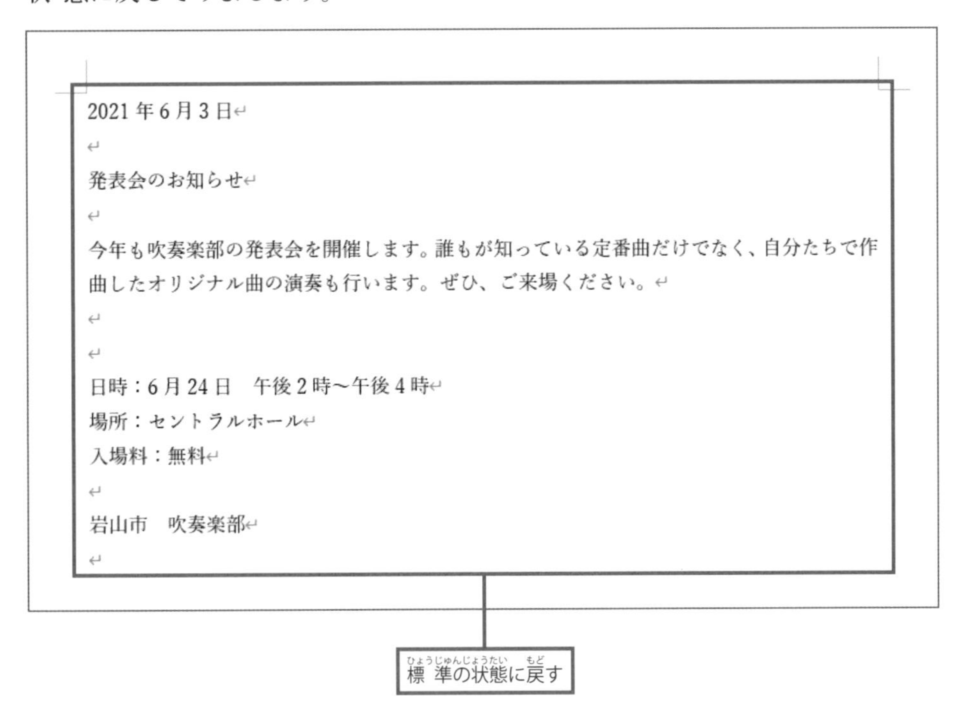

2021年6月3日

発表会のお知らせ

今年も吹奏楽部の発表会を開催します。誰もが知っている定番曲だけでなく、自分たちで作曲したオリジナル曲の演奏も行います。ぜひ、ご来場ください。

日時：6月24日　午後2時～午後4時
場所：セントラルホール
入場料：無料

岩山市　吹奏楽部

（2）文字の書式を以下のように変更してみましょう。

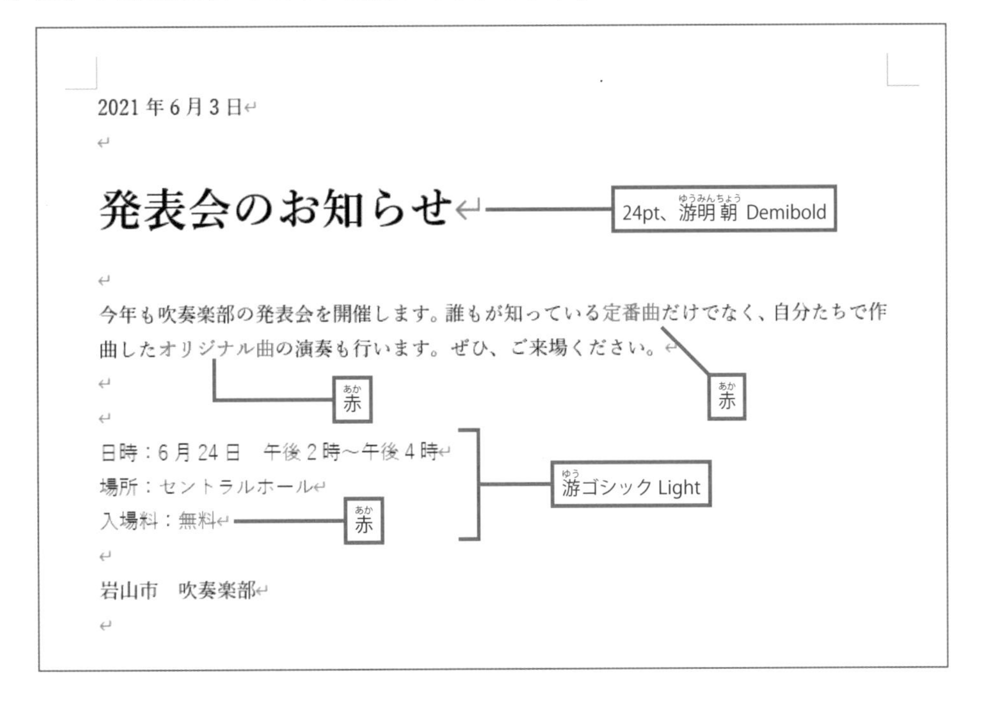

2021年6月3日

発表会のお知らせ

今年も吹奏楽部の発表会を開催します。誰もが知っている定番曲だけでなく、自分たちで作曲したオリジナル曲の演奏も行います。ぜひ、ご来場ください。

日時：6月24日　午後2時～午後4時
場所：セントラルホール
入場料：無料

岩山市　吹奏楽部

02-3 太字、下線などの指定

（1）以下のように太字を指定してみましょう

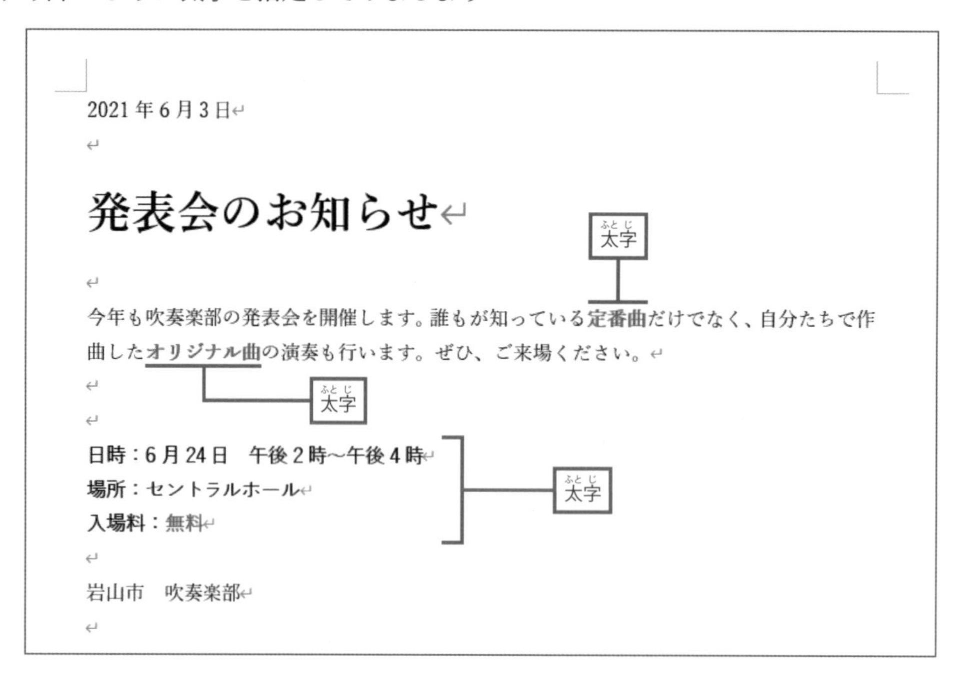

2021年6月3日

発表会のお知らせ

今年も吹奏楽部の発表会を開催します。誰もが知っている**定番曲**だけでなく、自分たちで作曲した**オリジナル曲**の演奏も行います。ぜひ、ご来場ください。

日時：6月24日　午後2時～午後4時
場所：セントラルホール
入場料：無料

岩山市　吹奏楽部

（2）以下のように下線を指定してみましょう

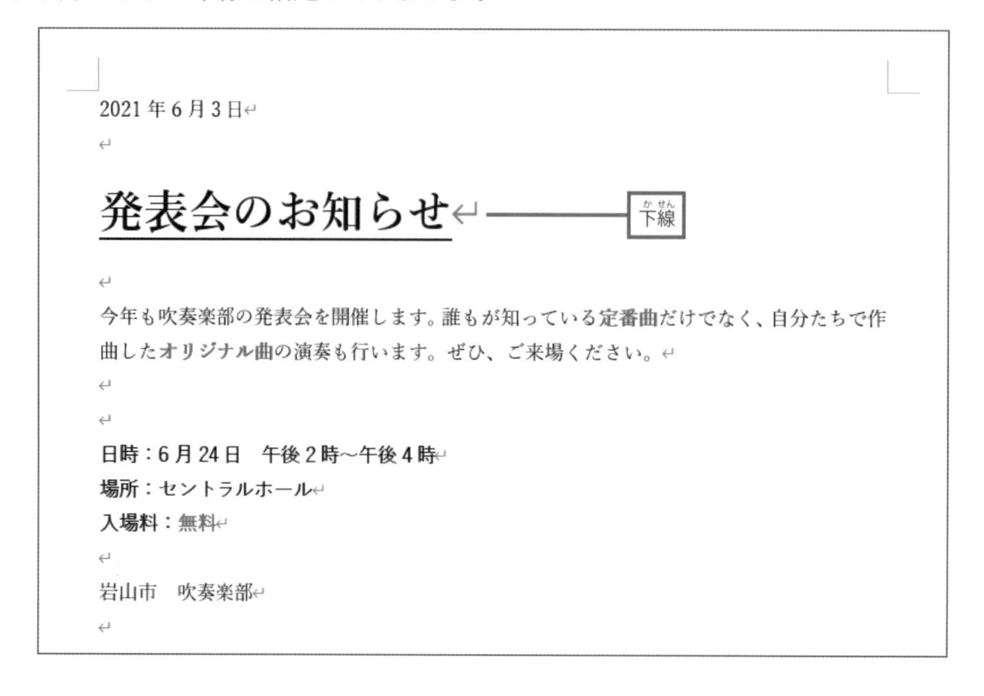

2021年6月3日

発表会のお知らせ

今年も吹奏楽部の発表会を開催します。誰もが知っている**定番曲**だけでなく、自分たちで作曲した**オリジナル曲**の演奏も行います。ぜひ、ご来場ください。

日時：6月24日　午後2時～午後4時
場所：セントラルホール
入場料：無料

岩山市　吹奏楽部

（3）演習（2）で作成した文書を「02-3-3発表会のお知らせ」という名前でファイルに保存してみましょう。

02-4 その他の文字の書式

（1）新しい文書を作成し、以下のように文字を入力してみましょう。

水の化学記号はH2Oです。

当日は朝8時までに集合してください。

山羊のミルクからチーズを作る。

水の化学記号は H2O です。↵
↵
当日は朝 8 時までに集合してください。↵
↵
山羊のミルクからチーズを作る。↵
↵

（2）「2」の文字に「下付き」の書式を指定してみましょう。

水の化学記号は H_2O です。↵

（3）「朝8時まで」の文字に黄色の「蛍光ペン」を指定してみましょう。

当日は朝 8 時までに集合してください。↵

（4）「山羊」の文字に「やぎ」とルビ（ふりがな）を付けてみましょう。

山羊（やぎ）のミルクからチーズを作る。↵

（5）「チーズ」の文字に「囲み線」を指定してみましょう。

山羊（やぎ）のミルクから［チーズ］を作る。↵

MEMO

パソコンには数多くのフォントが用意されています。ただし、初心者の方は「それぞれのフォントの特徴」を把握できていないかもしれません。そこで、適当な文字に異なるフォントを指定し、各フォントの文字の形状を確認しておくと、文書をスムーズに作成できます。時間のあるときに試してみてください。

フォントに応じて文字の印象は変化します。↵ —— 游明朝
フォントに応じて文字の印象は変化します。↵ —— 游明朝 Demibold
フォントに応じて文字の印象は変化します。↵ —— 游ゴシック
フォントに応じて文字の印象は変化します。↵ —— 游ゴシック Medium
フォントに応じて文字の印象は変化します。↵ —— メイリオ
フォントに応じて文字の印象は変化します。↵ —— HGゴシックM
フォントに応じて文字の印象は変化します。↵ —— HG丸ゴシックM-PRO
フォントに応じて文字の印象は変化します。↵ —— HG明朝E
フォントに応じて文字の印象は変化します。↵ —— HG教科書体
フォントに応じて文字の印象は変化します。↵ —— HG行書体
フォントに応じて文字の印象は変化します。↵ —— BIZ UDゴシック
フォントに応じて文字の印象は変化します。↵ —— BIZ UD明朝 Medium

MEMO

「HGPゴシックM」と「HGゴシックM」のように、「P」の有無だけが異なるフォントもあります。これらは同じ形状のフォントです。名前に「P」が含まれるフォントは「プロポーショナルフォント」と呼ばれ、「文字の幅」に合わせて「文字の間隔」を詰めて配置する仕組みになっています。なお、「HGSゴシックM」のように、名前に「S」が含まれるフォントは「縦書き用のフォント」となります。

↵
同じフォントでも「文字の間隔」が異なる↵ —— HGPゴシックM
同じフォントでも「文字の間隔」が異なる↵ —— HGゴシックM
↵
同じフォントでも「文字の間隔」が異なる↵ —— MS P明朝
同じフォントでも「文字の間隔」が異なる↵ —— MS 明朝
↵

Step 03

段落の書式

03-1 段落の配置

（1）ステップ02で保存した「02-3-3発表会のお知らせ」を開き、以下のように段落の配置を変更してみましょう。

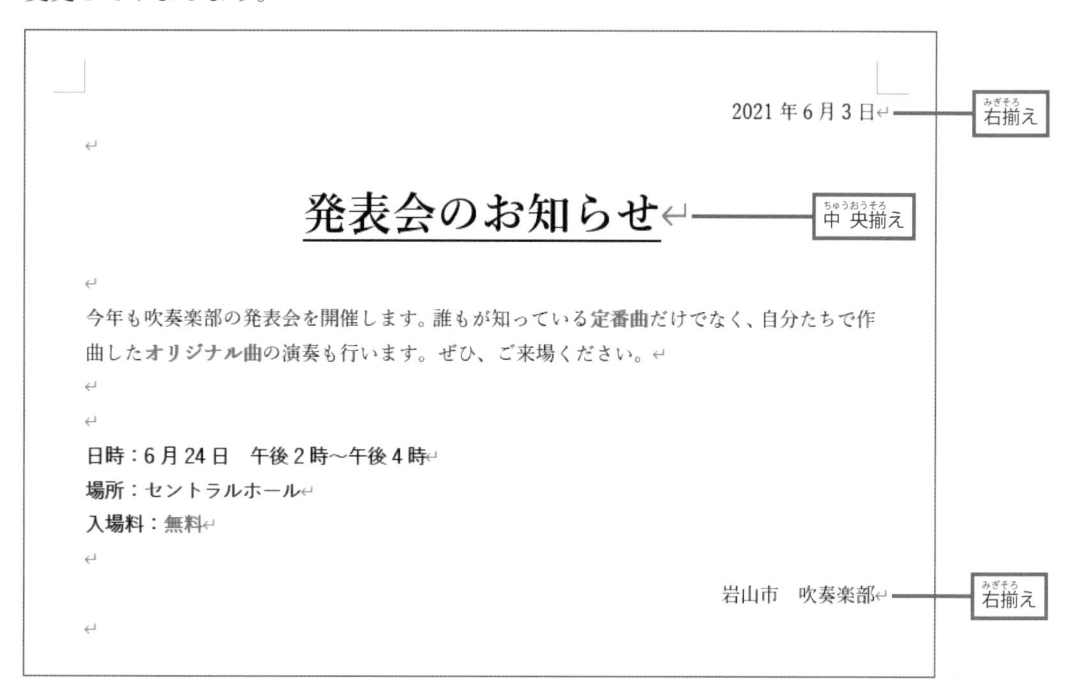

2021年6月3日

発表会のお知らせ

今年も吹奏楽部の発表会を開催します。誰もが知っている**定番曲**だけでなく、自分たちで作曲した**オリジナル曲**の演奏も行います。ぜひ、ご来場ください。

日時：6月24日　午後2時～午後4時
場所：セントラルホール
入場料：無料

岩山市　吹奏楽部

MEMO

「段落の書式」を変更するときは、［ホーム］タブを選択し、「段落」グループにあるコマンドを操作します。

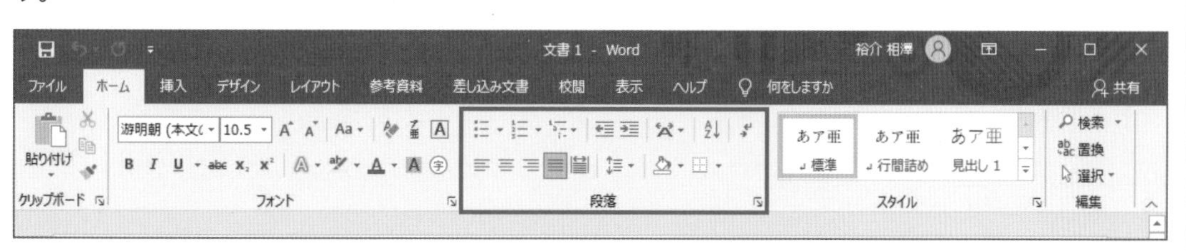

03-2 インデントの指定と解除

（1）以下のように3文字分のインデントを指定してみましょう

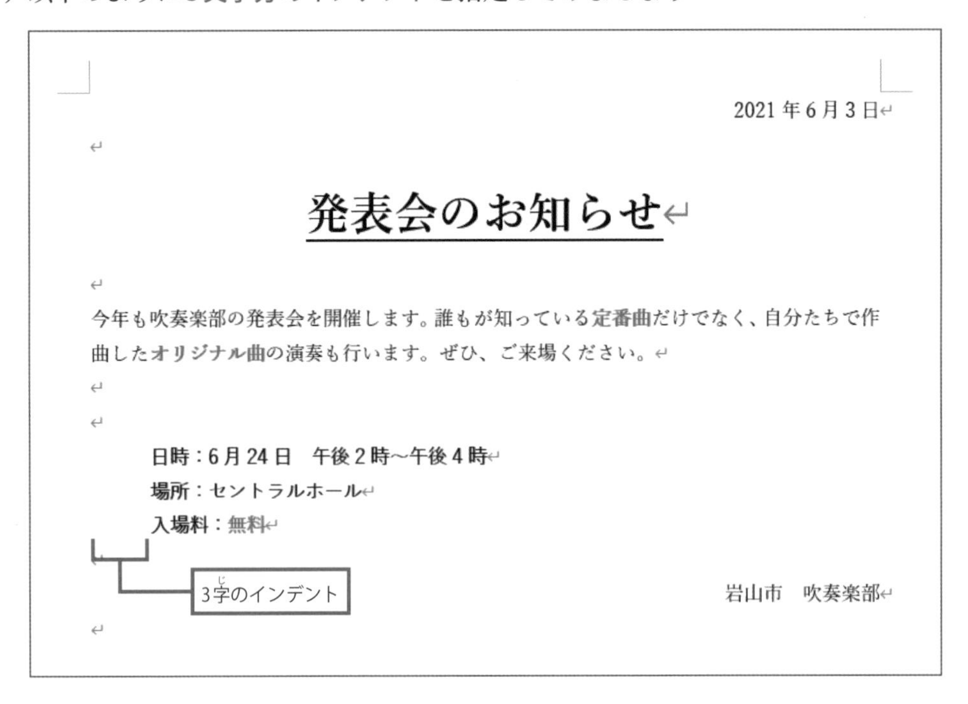

（2）演習（1）で指定したインデントを解除してみましょう。

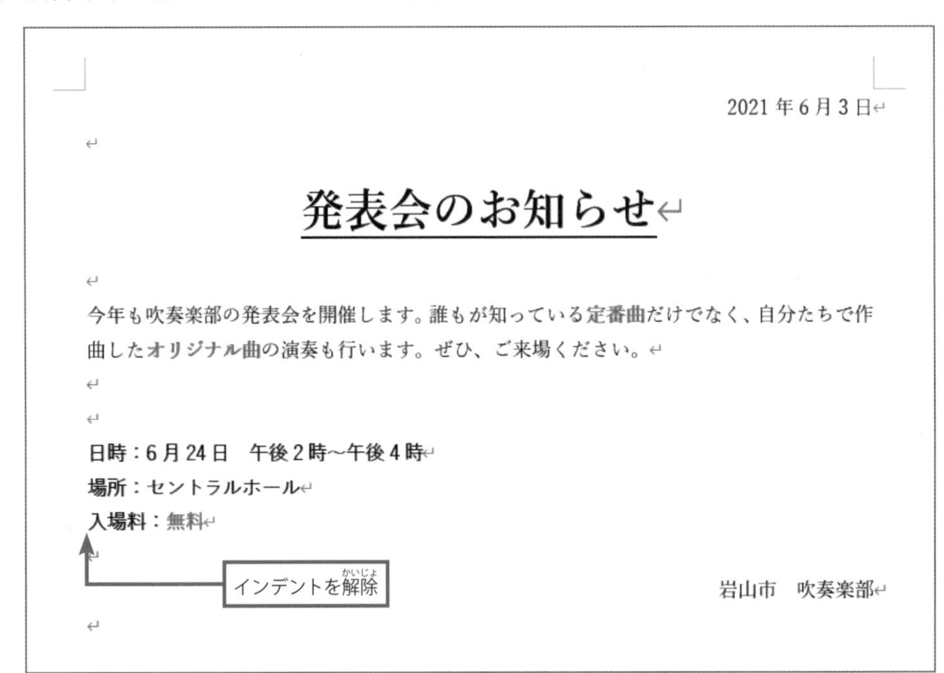

03-3 行間の指定（グリッド線の表示）

（1）文書にグリッド線を表示してみましょう

2021年6月3日

発表会のお知らせ

今年も吹奏楽部の発表会を開催します。誰もが知っている定番曲だけでなく、自分たちで作曲したオリジナル曲の演奏も行います。ぜひ、ご来場ください。

日時：6月24日　午後2時～午後4時
場所：セントラルホール
入場料：無料

岩山市　吹奏楽部

Hint：［表示］タブを選択し、「グリッド線」をONにします。

（2）以下の部分の行間を「2行」に変更してみましょう。

2021年6月3日

発表会のお知らせ

今年も吹奏楽部の発表会を開催します。誰もが知っている定番曲だけでなく、自分たちで作曲したオリジナル曲の演奏も行います。ぜひ、ご来場ください。

日時：6月24日　午後2時～午後4時

場所：セントラルホール

入場料：無料

行間：2行

岩山市　吹奏楽部

（3）以下の部分の行間を24ptに変更してみましょう。

2021年6月3日

発表会のお知らせ

今年も吹奏楽部の発表会を開催します。誰もが知っている**定番曲**だけでなく、自分たちで作曲した**オリジナル曲**の演奏も行います。ぜひ、ご来場ください。

日時：6月24日　午後2時～午後4時

場所：セントラルホール

入場料：無料

行間：24pt

岩山市　吹奏楽部

Hint：「行間のオプション」を選択し、「段落」ウィンドウで行間を指定します。

（4）グリッド線を非表示に戻してみましょう。

2021年6月3日

発表会のお知らせ

今年も吹奏楽部の発表会を開催します。誰もが知っている**定番曲**だけでなく、自分たちで作曲した**オリジナル曲**の演奏も行います。ぜひ、ご来場ください。

日時：6月24日　午後2時～午後4時

場所：セントラルホール

入場料：無料

岩山市　吹奏楽部

（5）演習（4）で作成した文書を「03-3-5発表会のお知らせ」という名前でファイルに保存してみましょう。

箇条書きと段落番号

04-1 「箇条書き」の指定と解除

（1）ステップ03で保存した「03-3-5発表会のお知らせ」を開き、以下のように「箇条書き」を指定してみましょう。

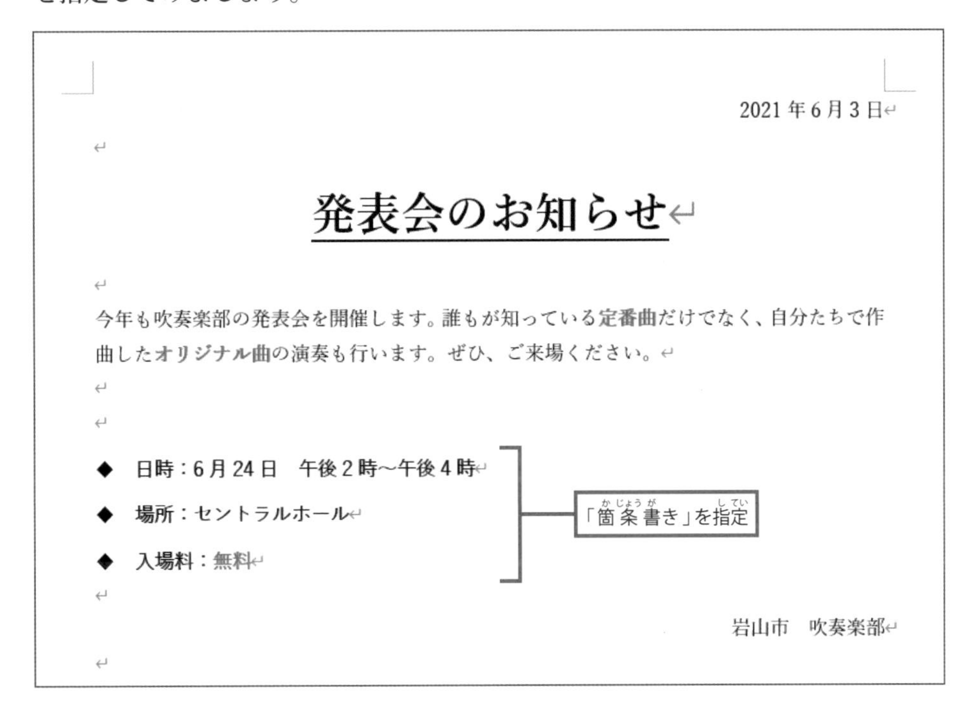

2021年6月3日

発表会のお知らせ

今年も吹奏楽部の発表会を開催します。誰もが知っている定番曲だけでなく、自分たちで作曲したオリジナル曲の演奏も行います。ぜひ、ご来場ください。

◆　日時：6月24日　午後2時～午後4時
◆　場所：セントラルホール
◆　入場料：無料

岩山市　吹奏楽部

MEMO

「箇条書き」や「段落番号」の書式を指定するときは、［ホーム］タブを選択し、以下のコマンドを操作します。

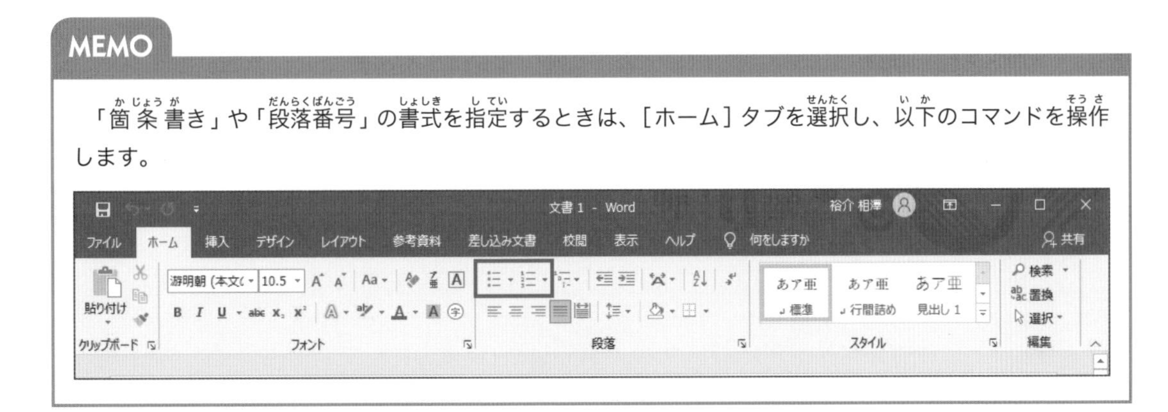

（2）「箇条書き」の行頭文字を ⬇ に変更してみましょう。

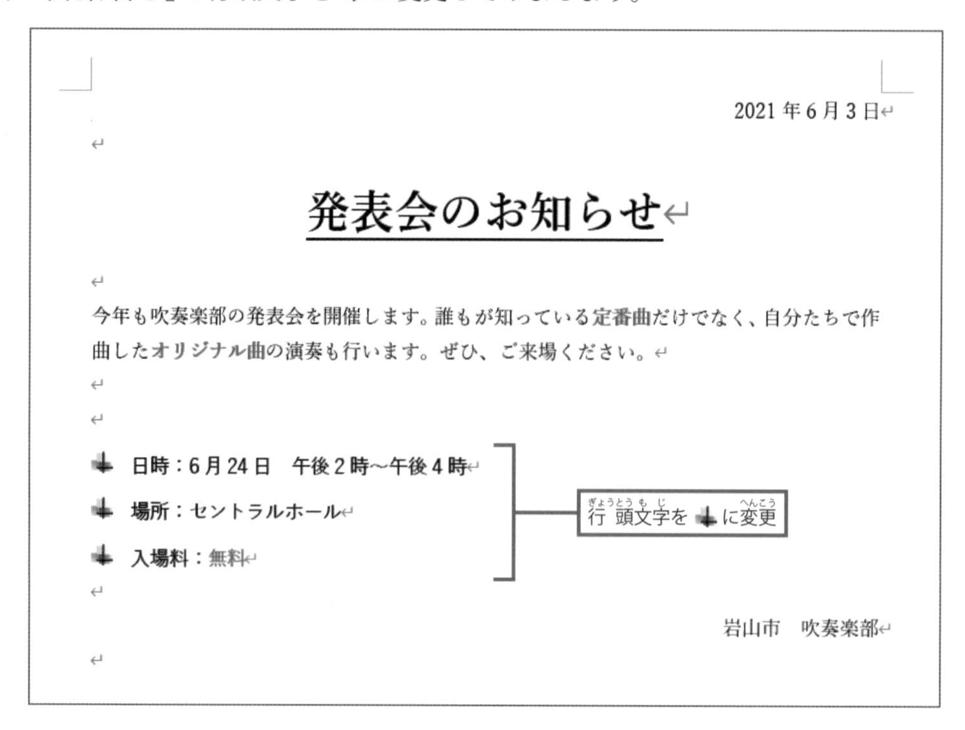

2021 年 6 月 3 日

発表会のお知らせ

今年も吹奏楽部の発表会を開催します。誰もが知っている定番曲だけでなく、自分たちで作曲したオリジナル曲の演奏も行います。ぜひ、ご来場ください。

⬇ 日時：6 月 24 日　午後 2 時～午後 4 時

⬇ 場所：セントラルホール

⬇ 入場料：無料

岩山市　吹奏楽部

（3）「箇条書き」を解除してみましょう。

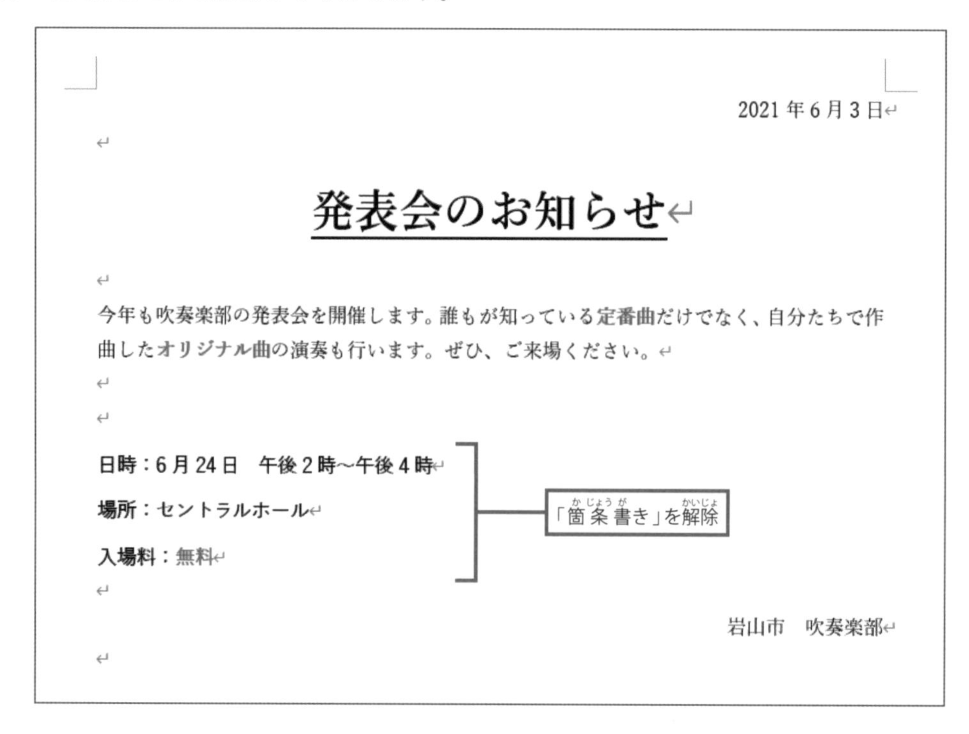

2021 年 6 月 3 日

発表会のお知らせ

今年も吹奏楽部の発表会を開催します。誰もが知っている定番曲だけでなく、自分たちで作曲したオリジナル曲の演奏も行います。ぜひ、ご来場ください。

日時：6 月 24 日　午後 2 時～午後 4 時

場所：セントラルホール

入場料：無料

岩山市　吹奏楽部

（4）演習（3）で作成した文書を「04-1-4 発表会のお知らせ」という名前でファイルに保存してみましょう。

04-2 「段落番号」の指定

（1）新しい文書を作成し、以下のように文字を入力してみましょう。

予約の手順

アプリを起動
「作品名」を選択
「上映日時」を選択
「座席」を選択
最大で6席まで選択可能
再タップすると、選択を解除
「確認」ボタンを押す
内容を確認して「予約」ボタンを押す

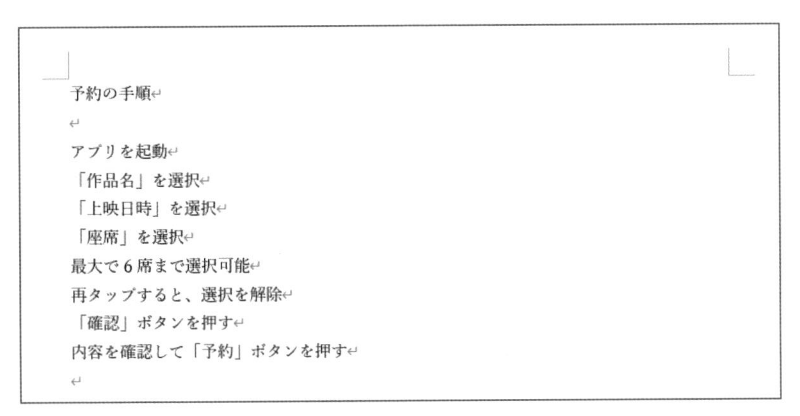
予約の手順

アプリを起動
「作品名」を選択
「上映日時」を選択
「座席」を選択
最大で6席まで選択可能
再タップすると、選択を解除
「確認」ボタンを押す
内容を確認して「予約」ボタンを押す

（2）以下のように文字の書式を指定し、「段落番号」を指定してみましょう。

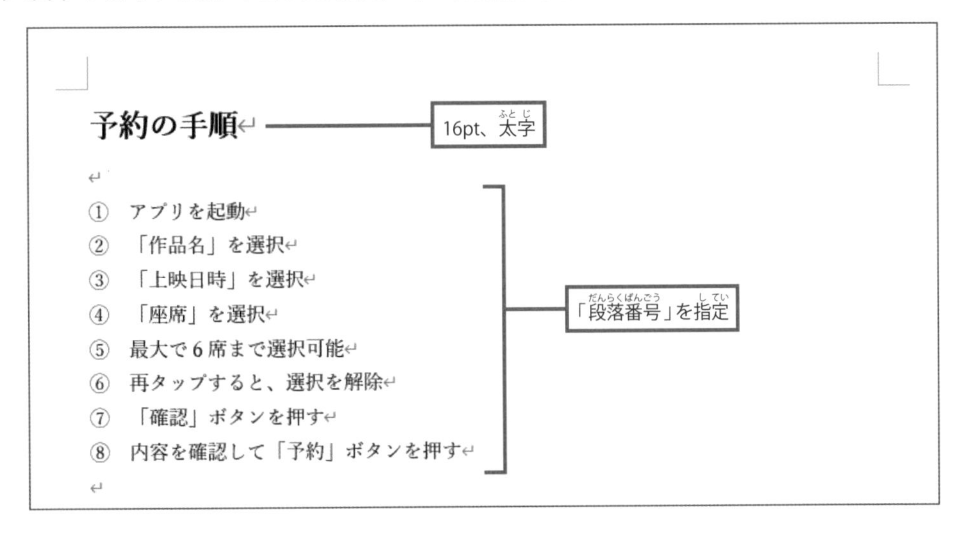
予約の手順

① アプリを起動
② 「作品名」を選択
③ 「上映日時」を選択
④ 「座席」を選択
⑤ 最大で6席まで選択可能
⑥ 再タップすると、選択を解除
⑦ 「確認」ボタンを押す
⑧ 内容を確認して「予約」ボタンを押す

04-3 階層（レベル）の変更

（1）以下のように「段落番号」のレベル（リストのレベル）を変更してみましょう。

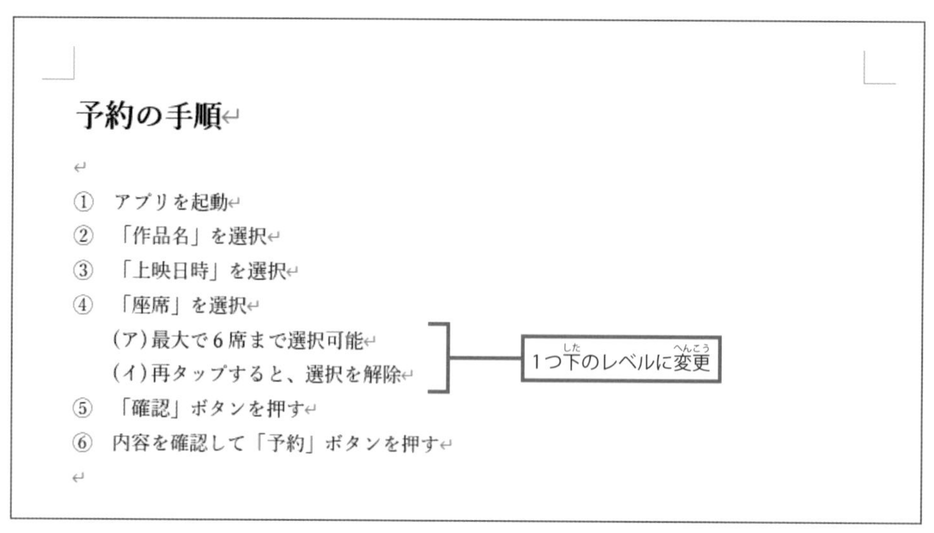

Hint：の をクリックし、「リストのレベルの変更」を選択します。

（2）レベルを下げた段落の行頭文字を ➤ に変更してみましょう。

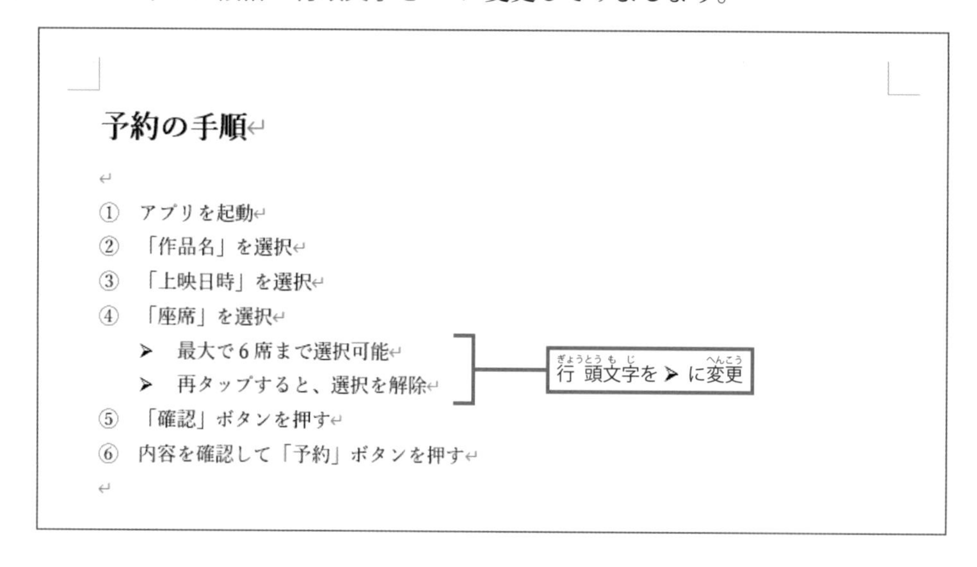

Step 05 段落の罫線と網かけ

05-1 段落の罫線

（1）ステップ04で保存した「04-1-4発表会のお知らせ」を開き、「発表会のお知らせ」の書式を以下のように変更してみましょう。続いて、段落に「下罫線」を描画してみましょう。

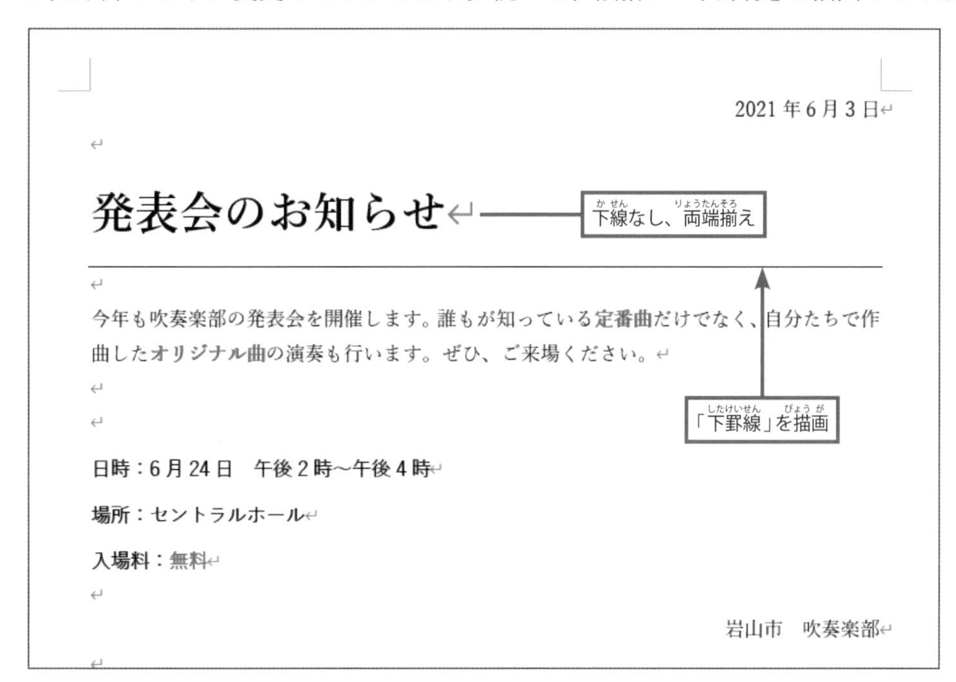

MEMO

「罫線」や「網かけ」を指定するときは、［ホーム］タブを選択し、以下のコマンドを操作します。

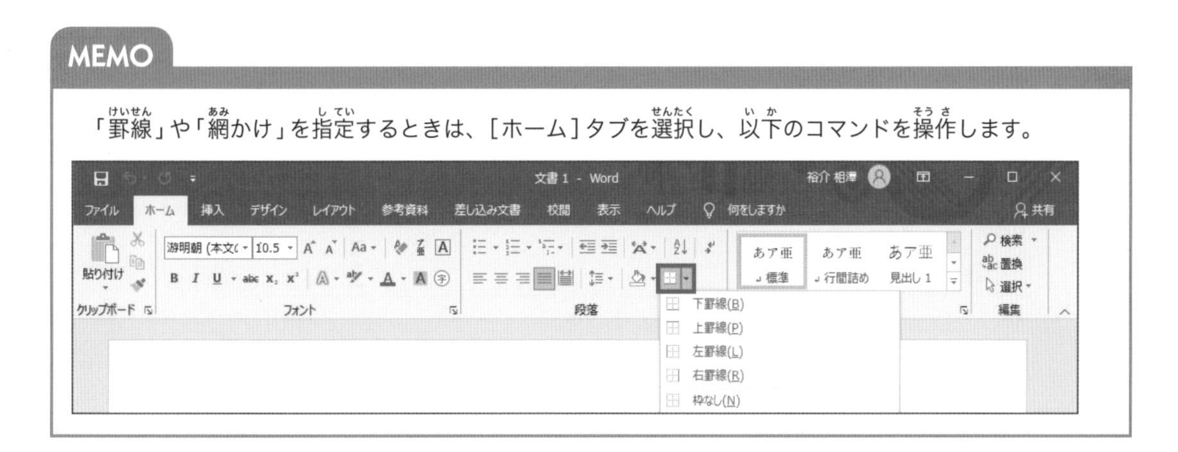

（2）「発表会のお知らせ」の段落の行間を30ptに変更してみましょう。

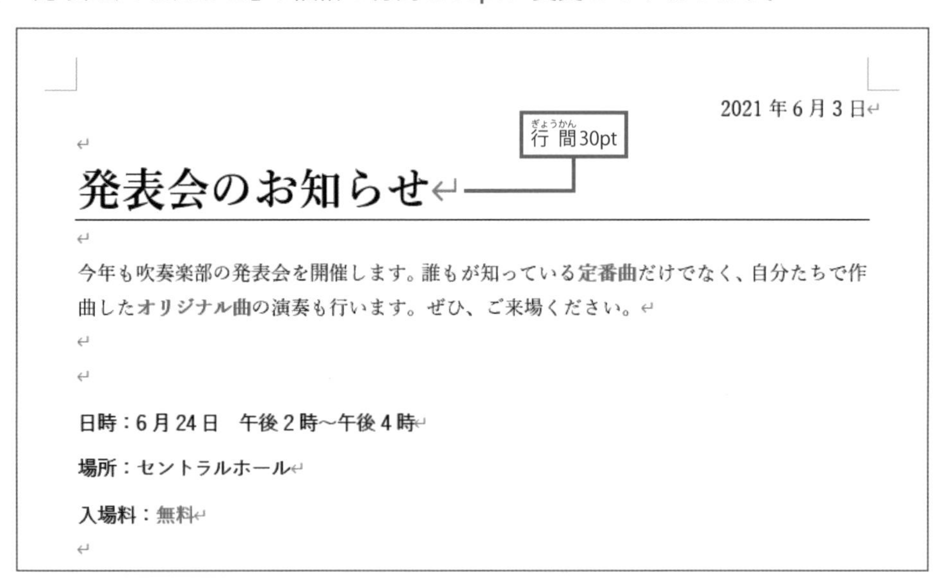

MEMO

「文字」と「罫線」の間隔が広すぎるときは、行間を小さくすると間隔を狭くできます。行間の値を少しずつ変化させながら、最適な間隔になるように調整してください。

（3）以下の部分に「外枠」の罫線を描画してみましょう。

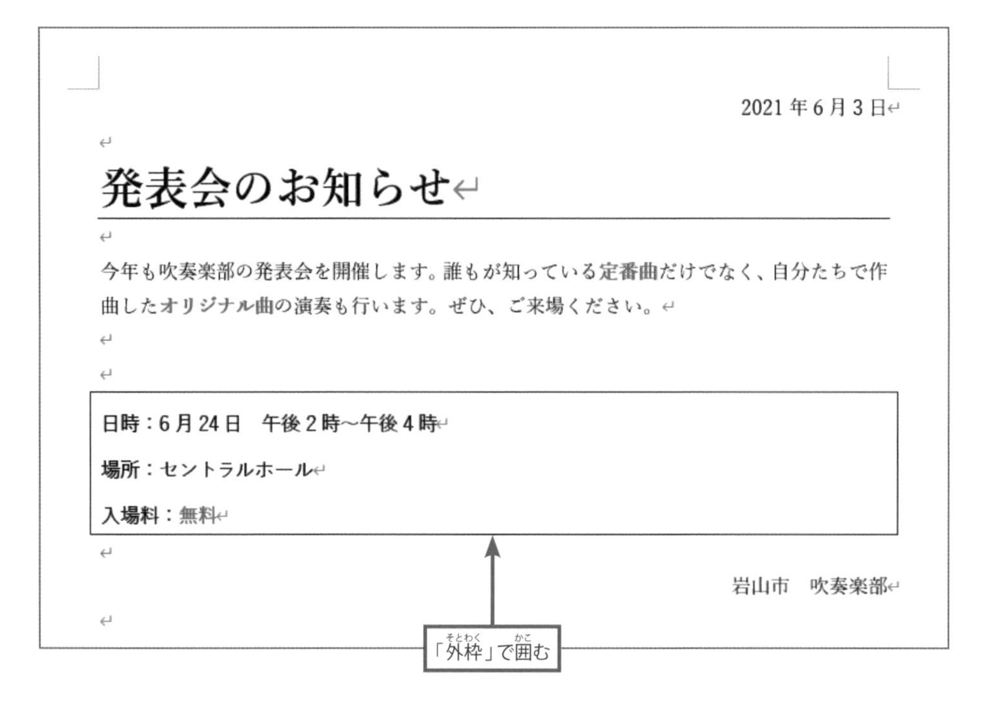

05-2 罫線の書式と網かけ

（1）「外枠」の罫線の書式を以下のように変更してみましょう。

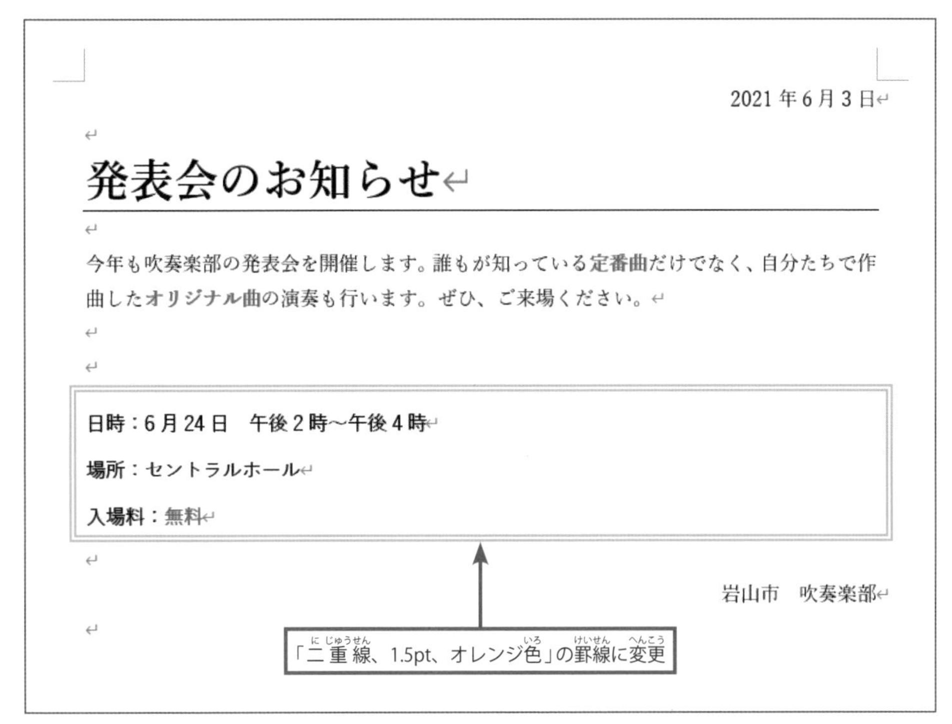

Hint：□の▾をクリックし、「線種とページ罫線と網かけの設定」を選択します。

（2）以下の段落に「網かけ」を指定してみましょう。色は、各自の好きな色で構いません。

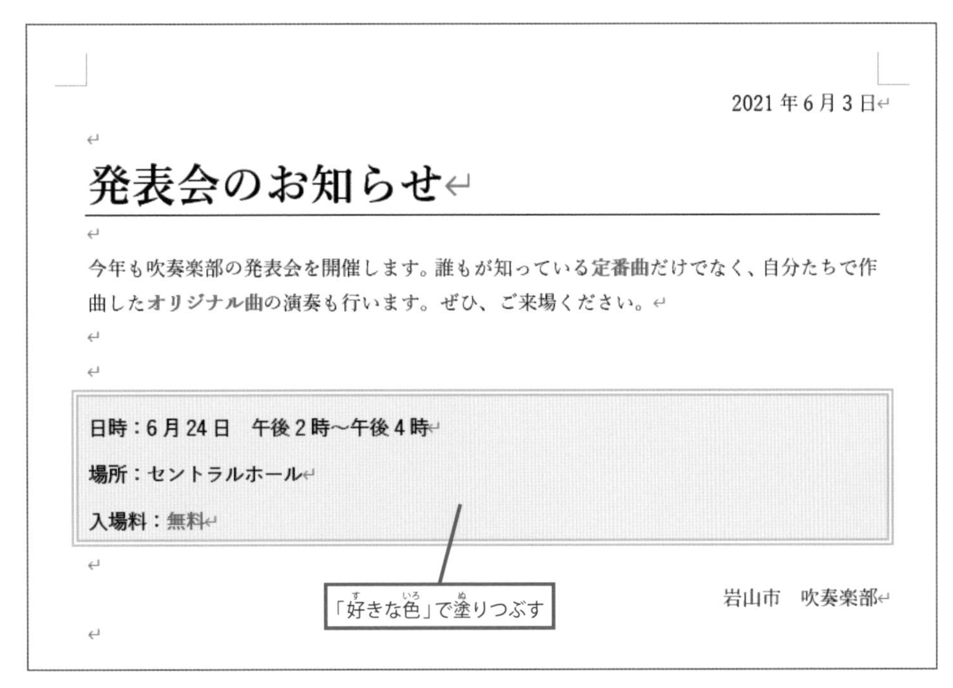

05-3 文字と罫線の間隔

（1）以下のように、「入場料：無料」と「下の罫線」の間隔を広くしてみましょう。

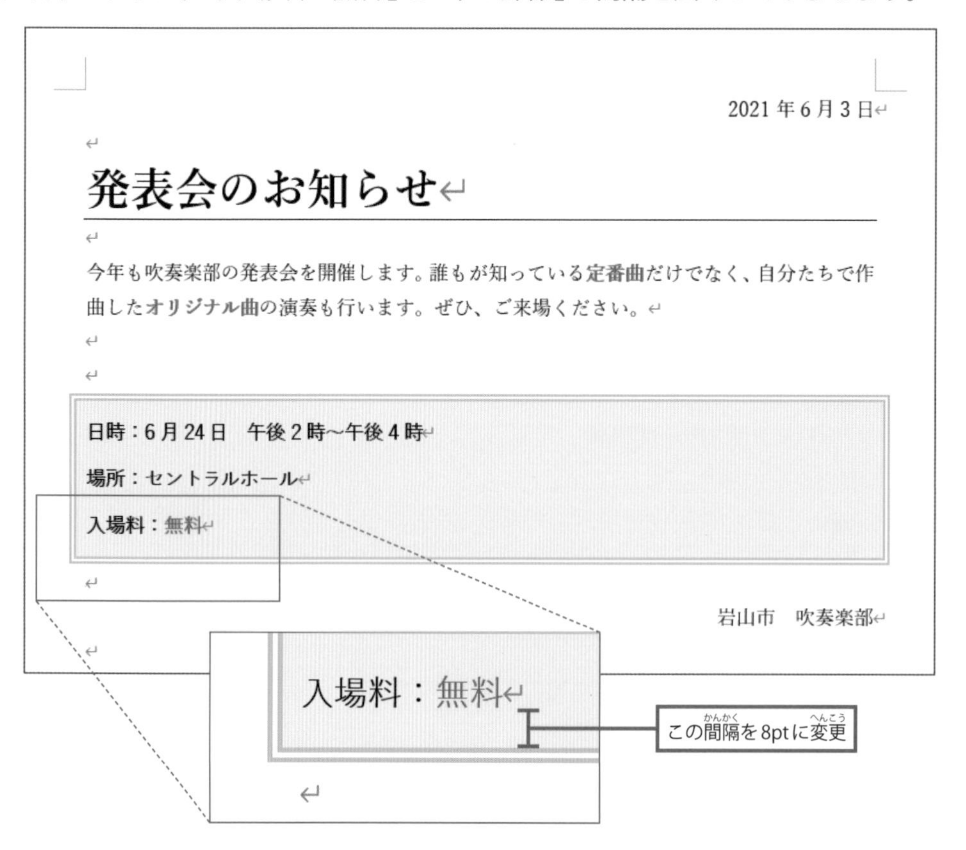

MEMO

から「線種とページ罫線と網かけの設定」を選択し、［オプション］ボタンをクリックすると、「文字」と「罫線」の間隔を変更できます。

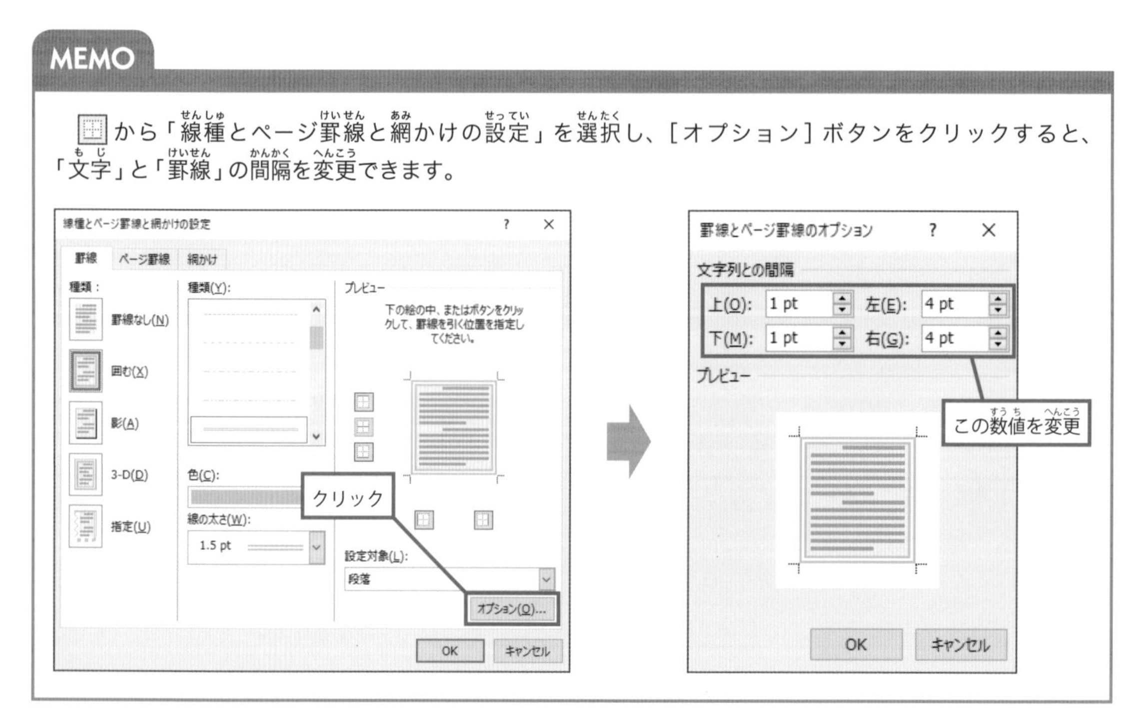

Step 06 スタイルの活用

06-1 スタイルの適用

(1)「06-0-0演習用」のWordファイルをダウンロードし、以下のようにスタイルを適用してみましょう。
※https://cutt.jp/books/978-4-87783-792-1/ からダウンロードできます。

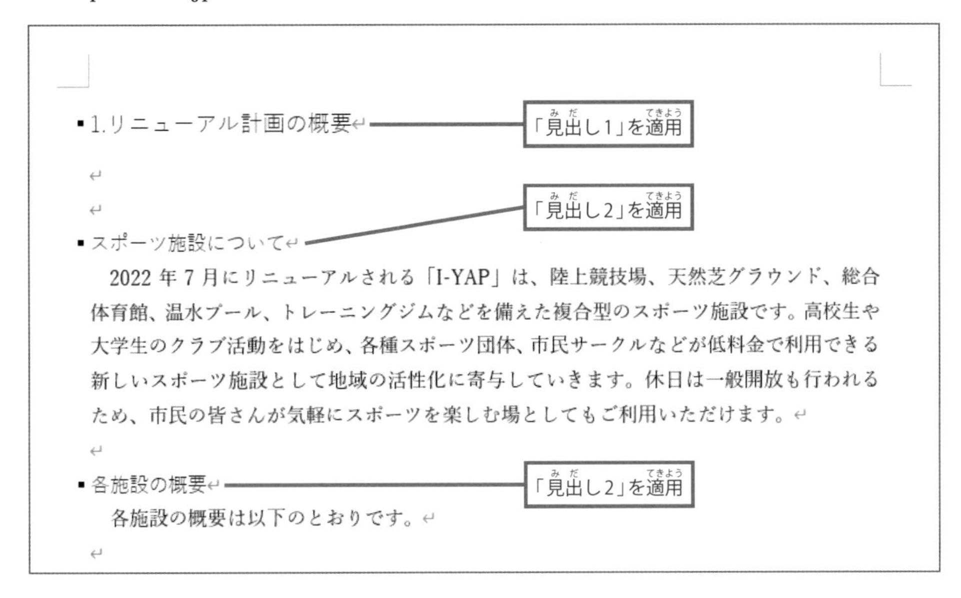

(2)文書を保存しないで、Wordを終了してみましょう。

MEMO

「スタイル」を利用するときは、[ホーム]タブを選択し、「スタイル」グループを操作します。

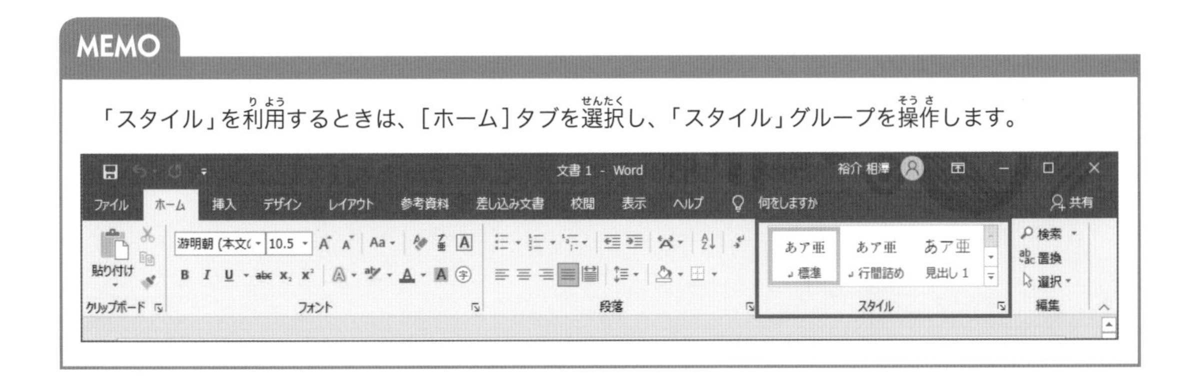

06-2 スタイルの作成（大見出し）

（1）「06-0-0演習用」のWordファイルを開き、「1.リニューアル計画の概要」に以下のような書式を指定してみましょう。

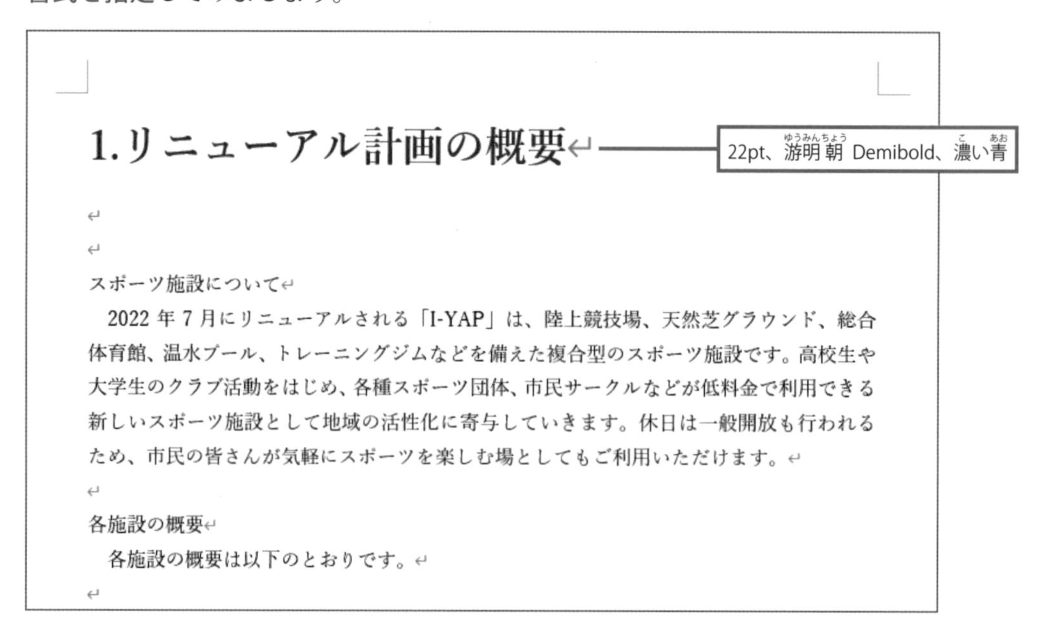

（2）演習（1）で指定した書式をもとに、「大見出し」というスタイルを作成してみましょう。

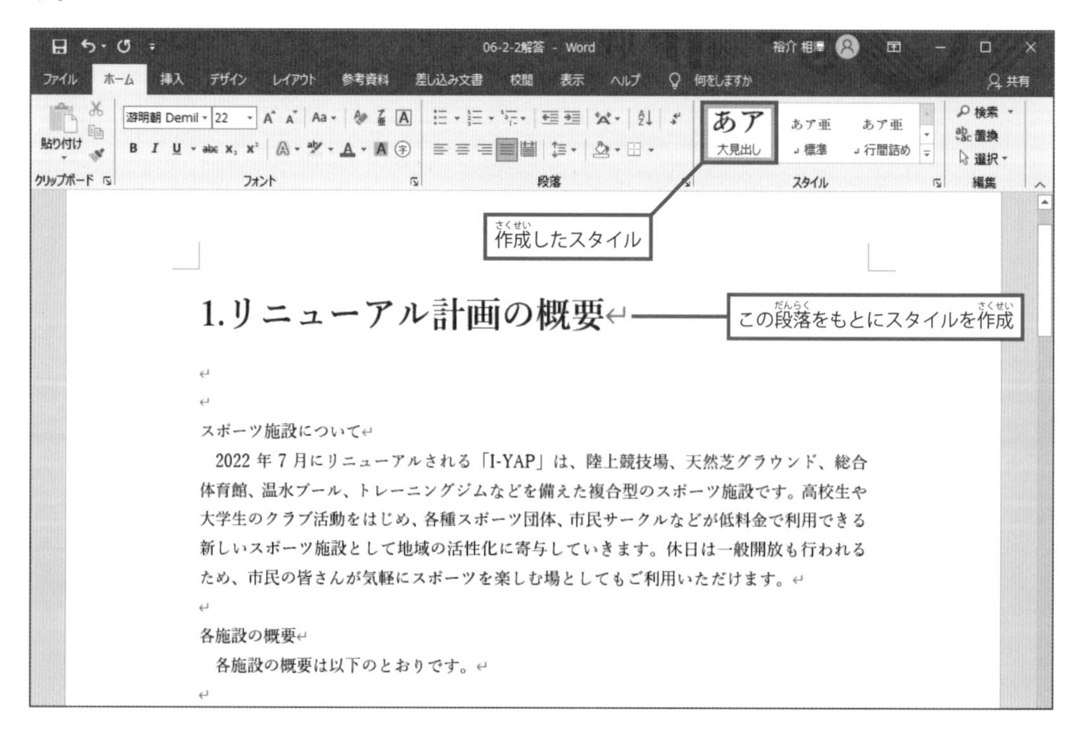

（3）以下の段落に「大見出し」のスタイルを適用してみましょう。

宿泊施設↵
　合宿などに利用できる宿泊施設。シングル 24 室、ツイン 44 室のほか、最大 8 人まで泊まれる和室が計 6 部屋あります。↵
↵
↵
↵
↵

2.今後のスケジュール↵ ——「大見出し」を適用

↵
↵
プレイベント↵
　新しいスポーツ施設のオープンに先立って、市内在住の小中学生を対象にスポーツ教室を開催します。日程は、2022 年 4 月 23 日（土）～2022 年 4 月 24 日（日）の 2 日間。日本を代表するアスリートが野球、サッカー、テニスの練習方法やテクニックなどを教えてく

団体会員登録の受付開始↵
　クラブやサークルなどが練習目的で利用する場合は、あらかじめ団体会員の登録を済ませておく必要があります。団体会員の登録は、2022 年 6 月 10 日より受付を開始します。↵
↵
↵
↵

3.プレイベント↵ ——「大見出し」を適用

↵
↵
イベント概要↵
　2022 年 7 月にリニューアルオープンされるスポーツ施設のプレイベントとして、日本を代表するアスリートが、野球、サッカー、テニスの練習方法やテクニックなどを直接指導す

➤　会場に駐車場はありません。電車、バスなどの公共交通機関でご来場ください。↵
➤　各自で飲料やタオルなどをご持参ください。会場に自動販売機はありません。↵
↵
↵
↵

4.団体予約の受付方法↵ ——「大見出し」を適用

↵
↵
団体予約の受付開始↵
　各施設とも、オープン日の 1 カ月前から予約の受付を開始します。なお、7 月 15 日からは、2 カ月先の日付まで団体予約を行えるようになります。↵

06-3 スタイルの作成（中見出し）

（1）「スポーツ施設について」に以下のような書式を指定してみましょう。

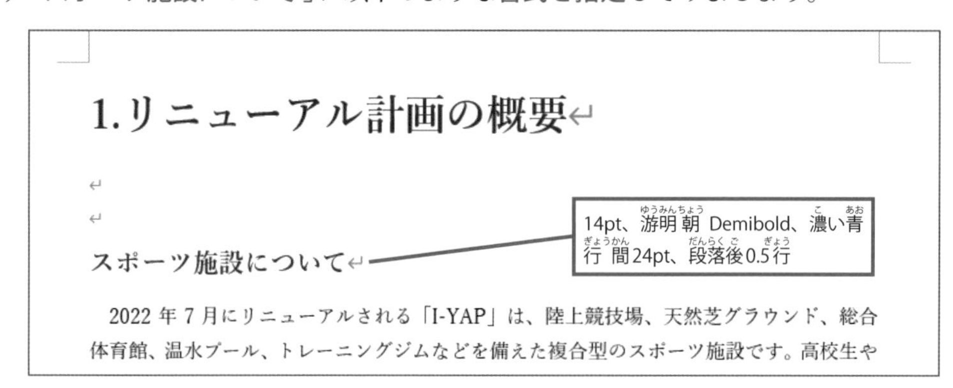

（2）続いて、以下のような下罫線を描画してみましょう。

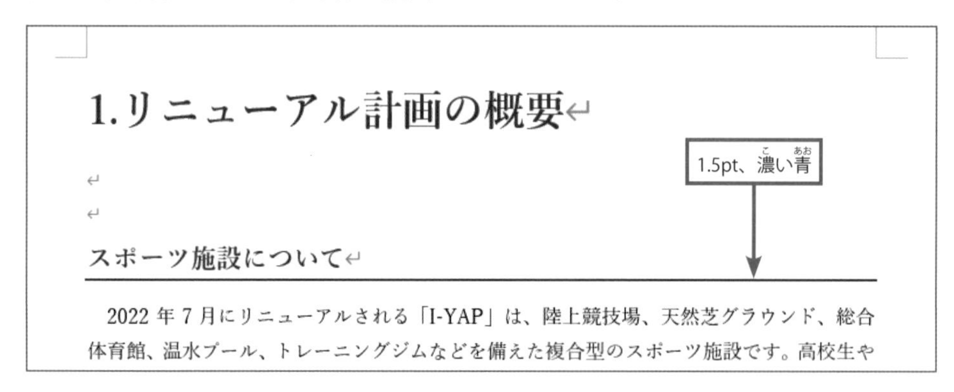

（3）演習（1）～（2）で指定した書式をもとに、「中見出し」という名前のスタイルを作成してみましょう。

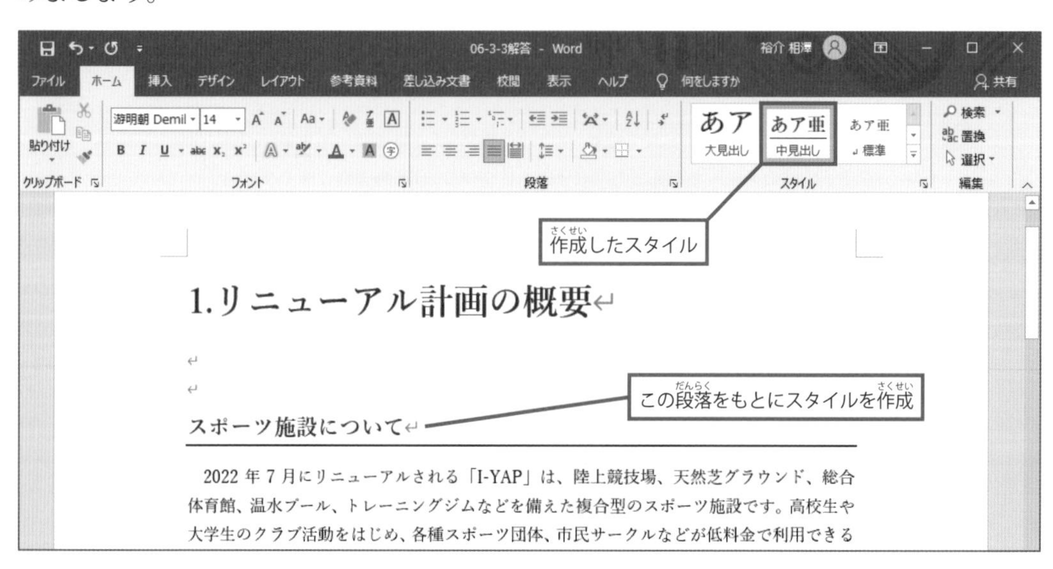

（4）★で示した段落に「中見出し」のスタイルを適用してみましょう。

1.リニューアル計画の概要

スポーツ施設について

2022年7月にリニューアルされる「I-YAP」は、陸上競技場、天然芝グラウンド、総合体育館、温水プール、トレーニングジムなどを備えた複合型のスポーツ施設です。高校生や大学生のクラブ活動をはじめ、各種スポーツ団体、市民サークルなどが低料金で利用できる新しいスポーツ施設として地域の活性化に寄与していきます。休日は一般開放も行われるため、市民の皆さんが気軽にスポーツを楽しむ場としてもご利用いただけます。

★ 各施設の概要

各施設の概要は以下のとおりです。

陸上競技場
「400m×9 レーンの全天候型トラック」と「天然芝フィールド」を備えた陸上競技場。照明設備も設置されているため、夜間の利用も可能です。観客席の収容人数は約4,800人になります。

多目的グラウンド
サッカー、ラグビー、ラクロスなど、さまざまなスポーツに対応する80×120mの天然芝グラウンド。夜間利用のための照明設備を備え、約2,500人収容のスタンドが設置されています。

総合体育館
バスケットボール、バレーボール、バドミントン、ハンドボール、卓球などに対応する総合体育館。46m×78mの大型アリーナ（収容人数は約4,600人）と36×48mの小アリーナ（観客席なし）があり、スポーツ以外の各種イベントにも活用できます。

温水プール
50m×9レーン（長水路）と25m×8レーン（短水路）を備えた温水プール。長水路プールはタッチ板を使ったタイム計測にも対応しています。観客席の収容人数は約2,100人。

テニスコート
ハードコート8面、クレイコート2面、砂入り人工芝コート6面を備えています。ハードコートには照明設備が設置されているため、夜間の利用も可能です。

トレーニングルーム
筋トレマシン各種とフリーウェイトエリアを備えたトレーニングジム。ランニングマシンやエアロバイクなどもあります。個人利用が基本となります（貸し切り不可）。

食堂
朝7時から夜8時まで営業。パンやドリンク、菓子類などが販売されており、ドリンクの自動販売機も設置されています。

宿泊施設
合宿などに利用できる宿泊施設。シングル24室、ツイン44室のほか、最大8人まで泊まれる和室が計6部屋あります。

2.今後のスケジュール

★ プレイベント

新しいスポーツ施設のオープンに先立って、市内在住の小中学生を対象にスポーツ教室を開催します。日程は、2022年4月23日（土）～2022年4月24日（日）の2日間。日本を代表するアスリートが野球、サッカー、テニスの練習方法やテクニックなどを教えてくれます。

★ 施設見学会

2022年5月から6月にかけて、各施設の見学会を実施します。団体向け（予約が必要）と個人向け（予約不要）の見学会を実施する予定です。

★ 各施設のオープン日

2022年7月から8月にかけて、完成した施設から順次オープンしていく予定です。各施設のオープン日は以下の日程を予定しています。

・陸上競技場　2022年8月中旬
・多目的グラウンド　2022年7月上旬
・総合体育館　2022年8月上旬
・温水プール　2022年7月下旬
・テニスコート　2022年8月上旬
・トレーニングジム　2022年7月中旬

★ 団体会員登録の受付開始

クラブやサークルなどが練習目的で利用する場合は、あらかじめ団体会員の登録を済ませておく必要があります。団体会員の登録は、2022年6月10日より受付を開始します。

3.プレイベント

★ イベント概要

2022年7月にリニューアルオープンされるスポーツ施設のプレイベントとして、日本を代表するアスリートが、野球、サッカー、テニスの練習方法やテクニックなどを直接指導するスポーツ教室を開催します。市内に在住の小学生、中学生であれば、誰でも無料で参加できます（ただし、事前登録が必要）。

★ イベント開催日時

・2022年4月23日（土）
・2022年4月24日（日）
両日とも午前10時～午後4時（昼食1時間あり）

★ 会場

・多目的グラウンド
・テニスコート

★ 注意事項

➤ 参加希望者は、公式Webサイトより事前登録を行ってください。
➤ 雨天の場合、イベントが中止になる可能性があります。詳しくは公式Webサイトをご確認ください。当日の朝6時までにイベントの開催／中止を発表いたします。
➤ 会場に駐車場はありません。電車、バスなどの公共交通機関でご来場ください。
➤ 各自で飲料やタオルなどをご持参ください。会場に自動販売機はありません。

4.団体予約の受付方法

★ 団体予約の受付開始

各施設とも、オープン日の1カ月前から予約の受付を開始します。なお、7月15日からは、2カ月先の日付まで団体予約を行えるようになります。

★ 予約に関する問い合わせ先

各施設の予約方法、料金、施設の利用ルールなどに関する問い合わせは、以下のメールアドレスまたは公式Webサイトで受け付けています。お気軽にお問合せください。

施設	問い合わせ先
陸上競技場	stadium@iwayama.lg.jp
多目的グラウンド	ground@iwayama.lg.jp
総合体育館	gym@iwayama.lg.jp
温水プール	pool@iwayama.lg.jp

06-4 スタイルの作成（小見出し）

（1）「陸上競技場」に以下のような書式を指定してみましょう。

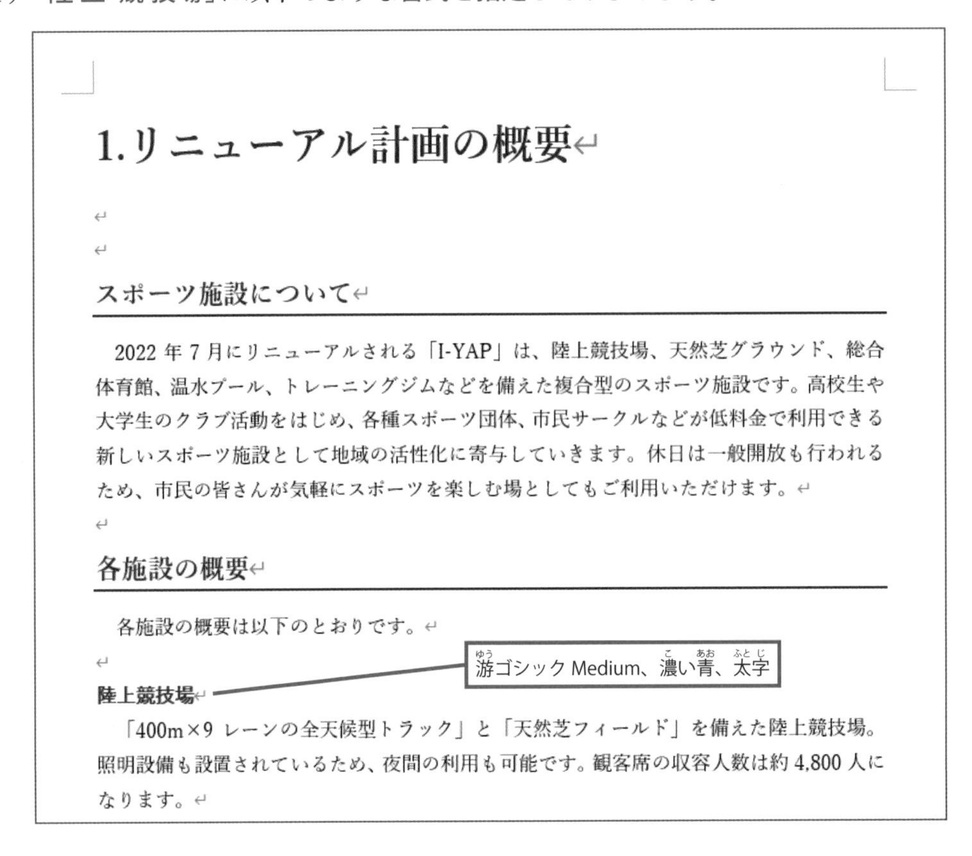

（2）演習（1）で指定した書式をもとに、「小見出し」という名前のスタイルを作成してみましょう。

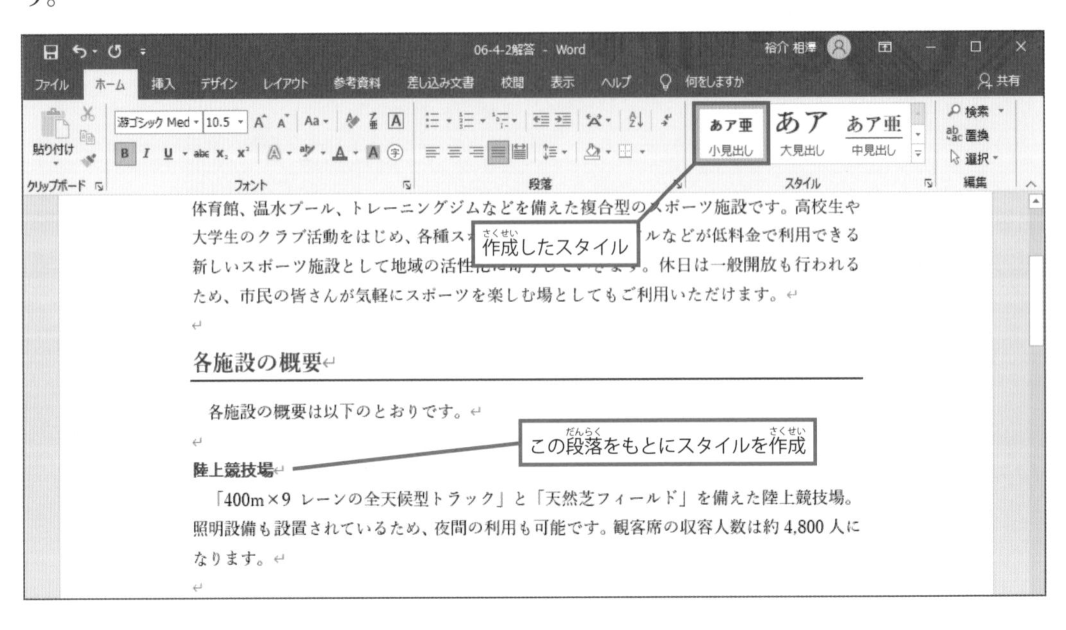

（3）★で示した段落に「小見出し」のスタイルを適用してみましょう。

各施設の概要

各施設の概要は以下のとおりです。

陸上競技場

「400m×9 レーンの全天候型トラック」と「天然芝フィールド」を備えた陸上競技場。照明設備も設置されているため、夜間の利用も可能です。観客席の収容人数は約 4,800 人になります。

★ 多目的グラウンド

サッカー、ラグビー、ラクロスなど、さまざまなスポーツに対応する 80×120m の天然芝グラウンド。夜間利用のための照明設備を備え、約 2,500 人収容のスタンドが設置されています。

★ 総合体育館

バスケットボール、バレーボール、バトミントン、ハンドボール、卓球などに対応する総合体育館。46m×78m の大型アリーナ（収容人数は約 4,600 人）と 36×48m の小アリーナ（観客席なし）があり、スポーツ以外の各種イベントにも活用できます。

★ 温水プール

50m×9 レーン（長水路）と 25m×8 レーン（短水路）を備えた温水プール。長水路プールはタッチ板を使ったタイム計測にも対応しています。観客席の収容人数は約 2,100 人。

★ テニスコート

ハードコート 8 面、クレイコート 2 面、砂入り人工芝コート 6 面を備えています。ハードコートには照明設備が設置されているため、夜間の利用も可能です。

★ トレーニングルーム

筋トレマシン各種とフリーウェイトエリアを備えたトレーニングジム。ランニングマシンやエアロバイクなどもあります。個人利用が基本となります（貸し切り不可）。

★ 食堂

朝 7 時から夜 8 時まで営業。パンやドリンク、菓子類などが販売されており、ドリンクの自動販売機も設置されています。

★ 宿泊施設

合宿などに利用できる宿泊施設。シングル 24 室、ツイン 44 室のほか、最大 8 人まで泊まれる和室が計 6 部屋あります。

2.今後のスケジュール

06-5 スタイルの変更

(1)「大見出し」のスタイルの書式を「中央揃え」に変更してみましょう。

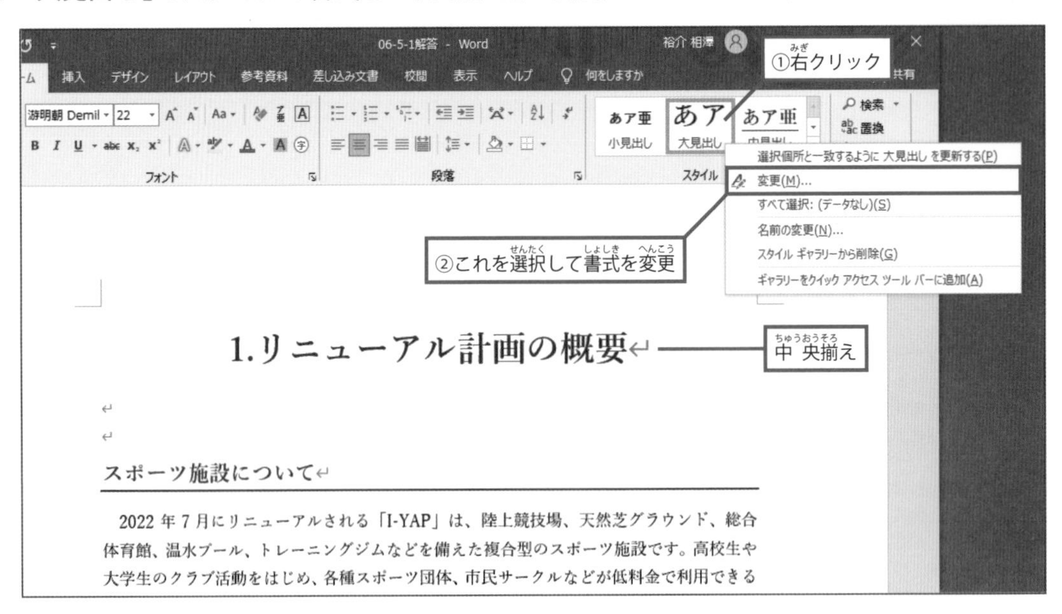

(2)「大見出し」のスタイルを適用した他の段落も、配置が「中央揃え」に変更されていることを確認してみましょう。

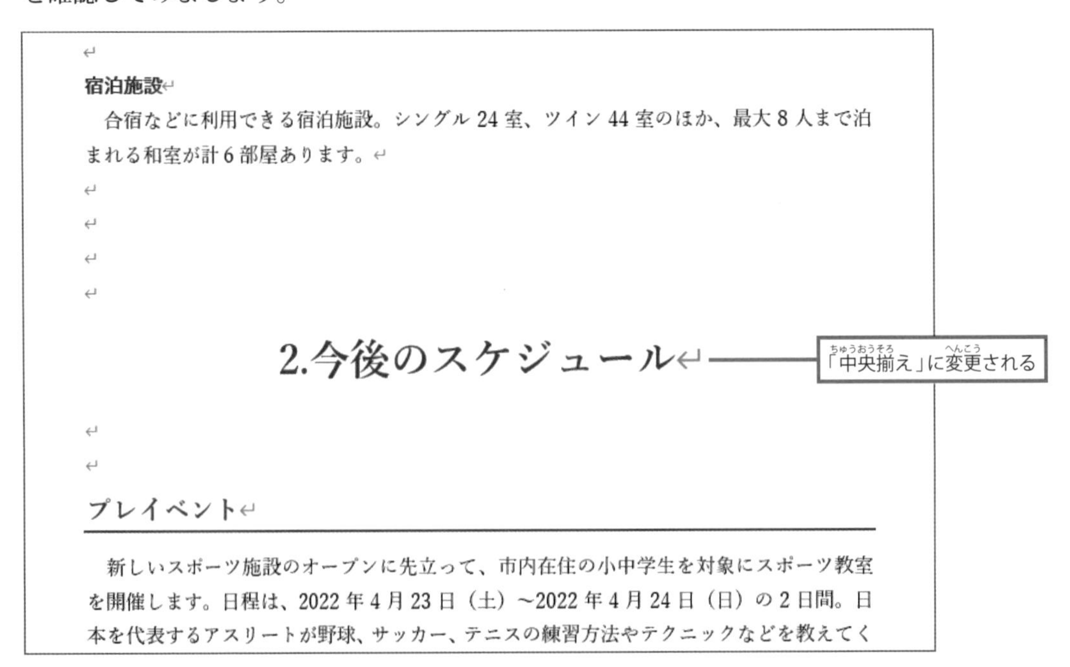

(3) 演習(2)で作成した文書を「06-5-3スポーツ施設」という名前でファイルに保存してみましょう。

アウトライン レベル

07-1 アウトラインレベルの指定

（1）ステップ06で保存した「06-5-3スポーツ施設」を開き、「1.リニューアル計画の概要」の段落に「レベル1」のアウトライン レベルを指定してみましょう。

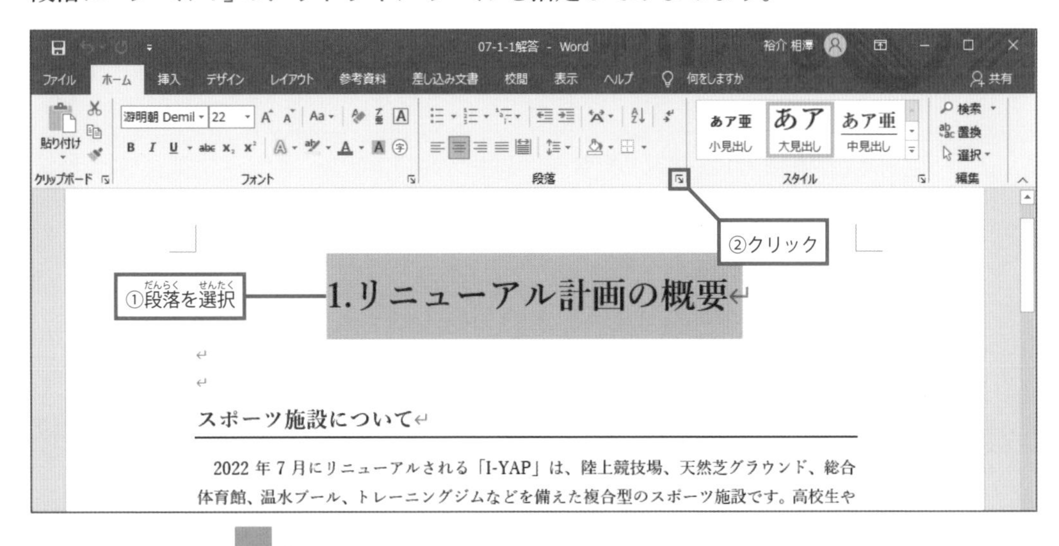

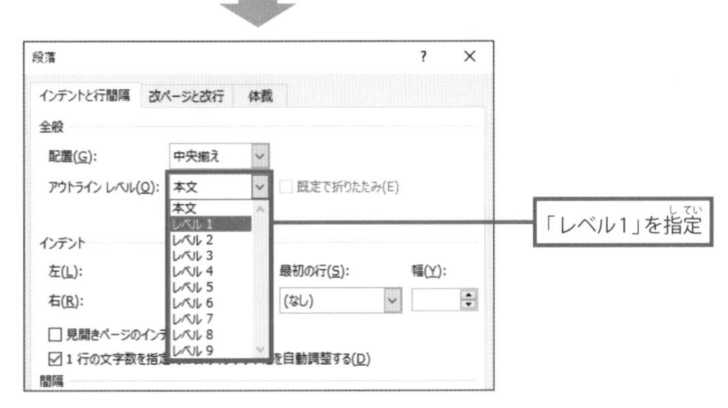

MEMO

アウトライン レベルは、その段落が「見出し」であることを明確に示す書式です。「見出し」のレベルは1～9が用意されており、数値が小さくなるほど「上位の見出し」であることを示しています。

07-2 アウトライン レベルをスタイルに登録

（1）「1.リニューアル計画の概要」の段落をもとに、「大見出し」のスタイルを更新してみましょう。
※「大見出し」のスタイルに「レベル1」のアウトライン レベルが追加されます。

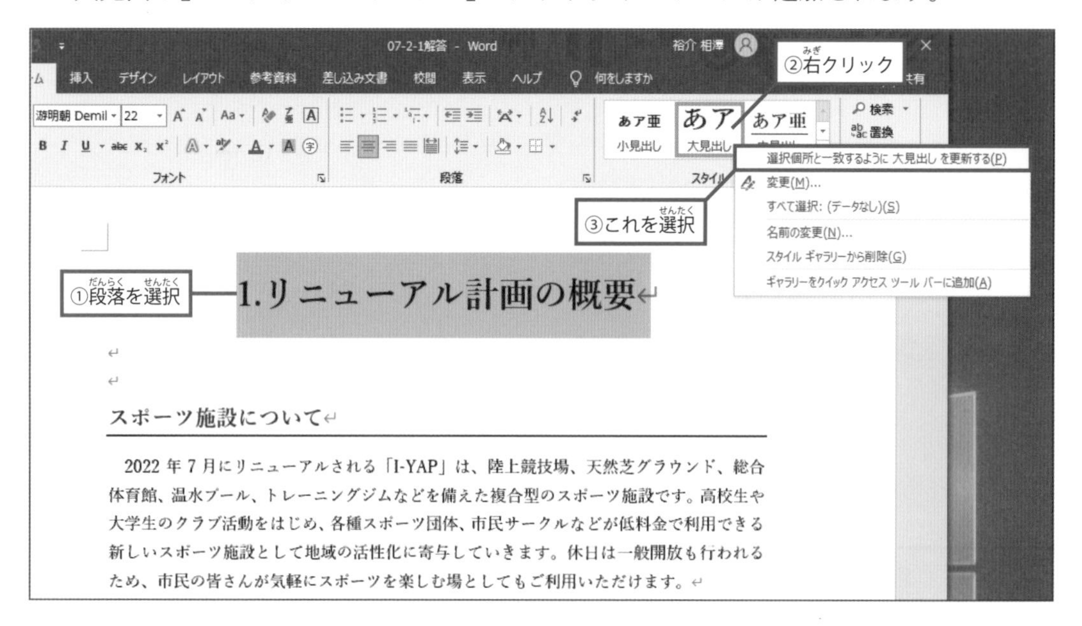

（2）「中見出し」のスタイルのアウトライン レベルを「レベル2」に変更してみましょう。

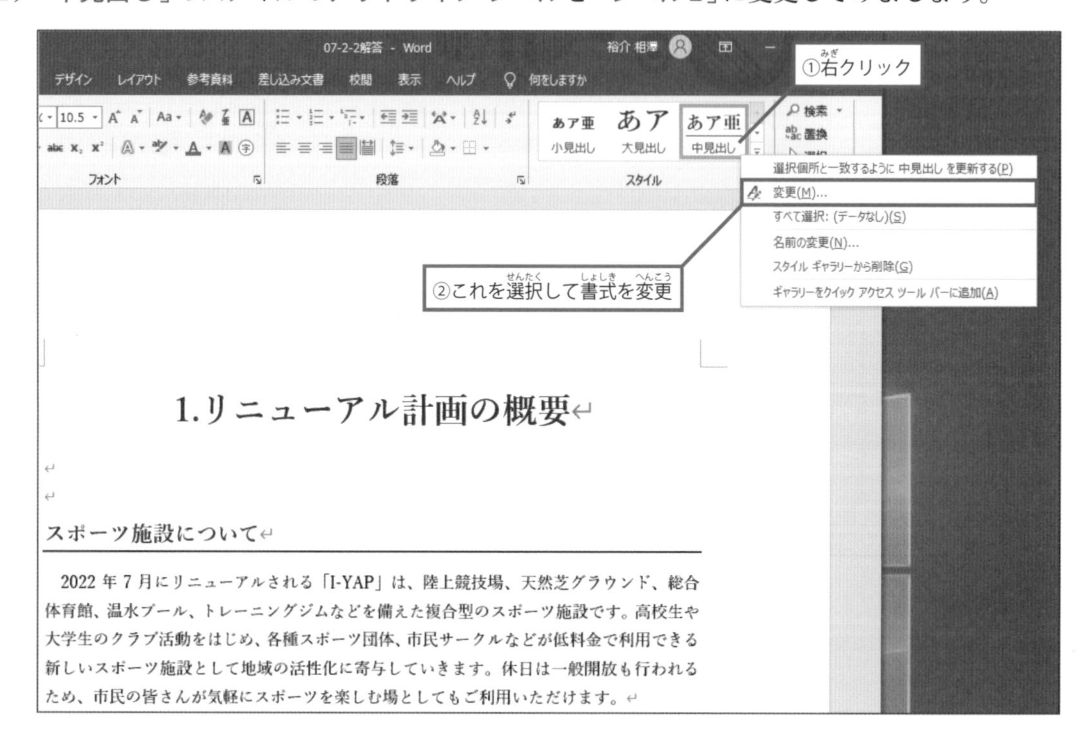

(2)「小見出し」のスタイルのアウトライン レベルを「レベル3」に変更してみましょう。

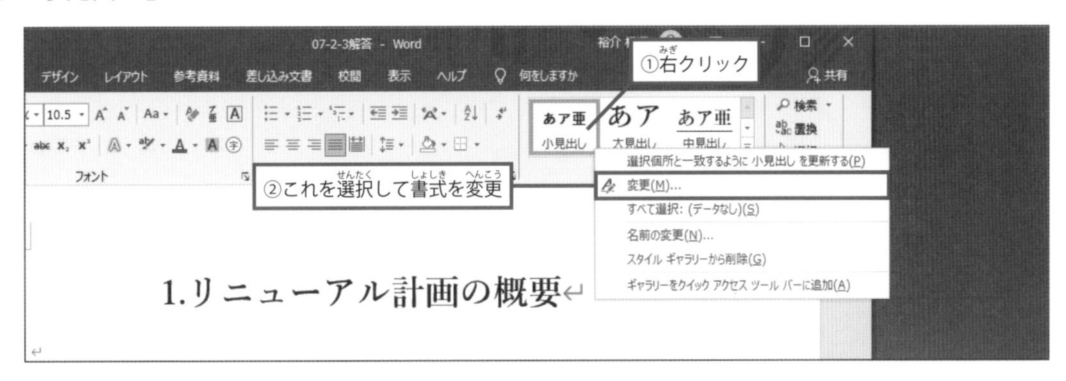

07-3 ナビゲーション ウィンドウの確認

(1) ナビゲーション ウィンドウを表示し、各段落にアウトライン レベルが正しく指定されていることを確認してみましょう。

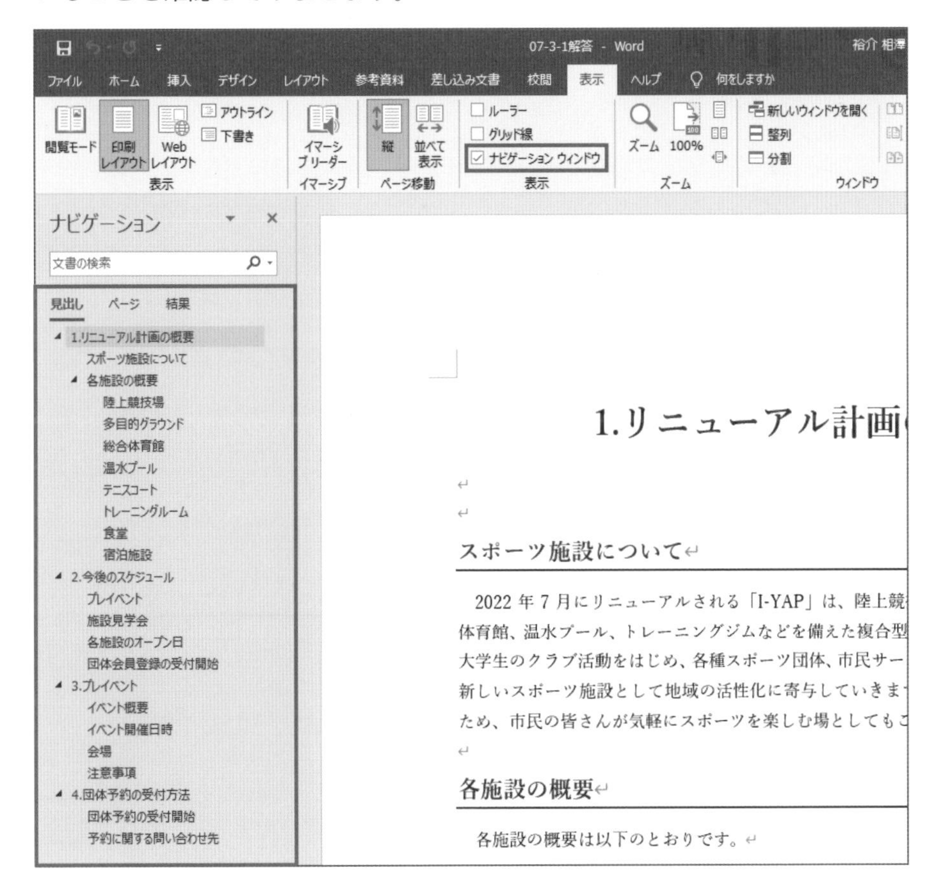

(2) 演習(1)で作成した文書を「07-3-2スポーツ施設」という名前でファイルに保存してみましょう。

Step 08

ヘッダーとフッター

08-1 ヘッダーの指定

（1）ステップ07で保存した「07-3-2スポーツ施設」を開きます。ヘッダーに「スポーツ施設のリニューアル」と入力し、以下のように書式を指定してみましょう。

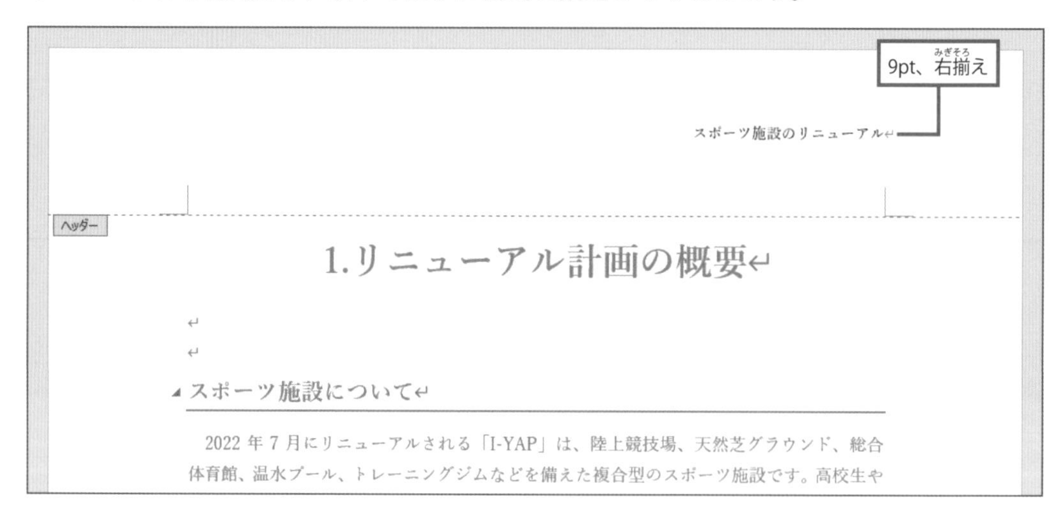

（2）文書を下へスクロールし、各ページに「スポーツ施設のリニューアル」の文字が表示されていることを確認してみましょう。

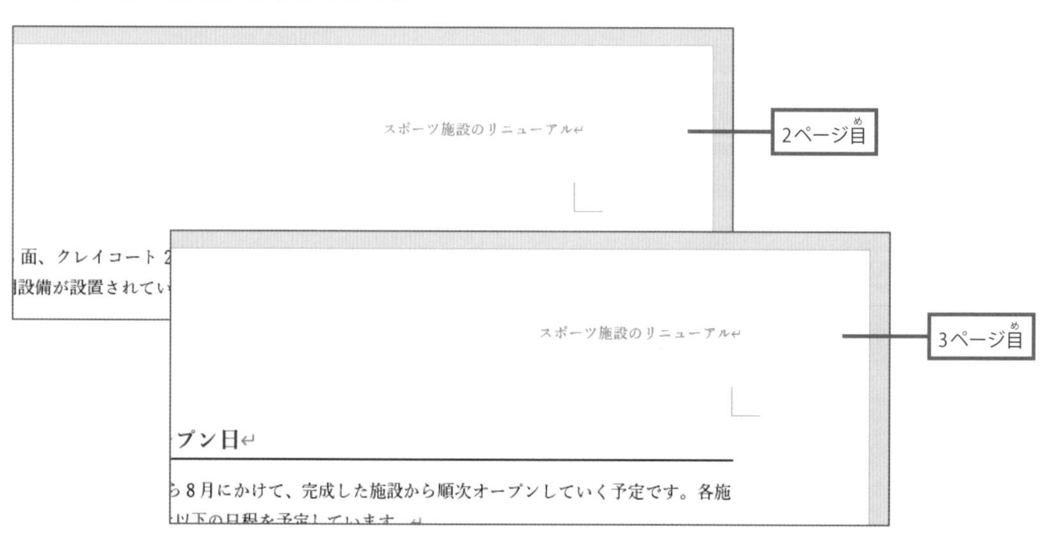

08-2 フッター（ページ番号）の指定

(1) フッターに「番号のみ2」のページ番号を配置してみましょう。

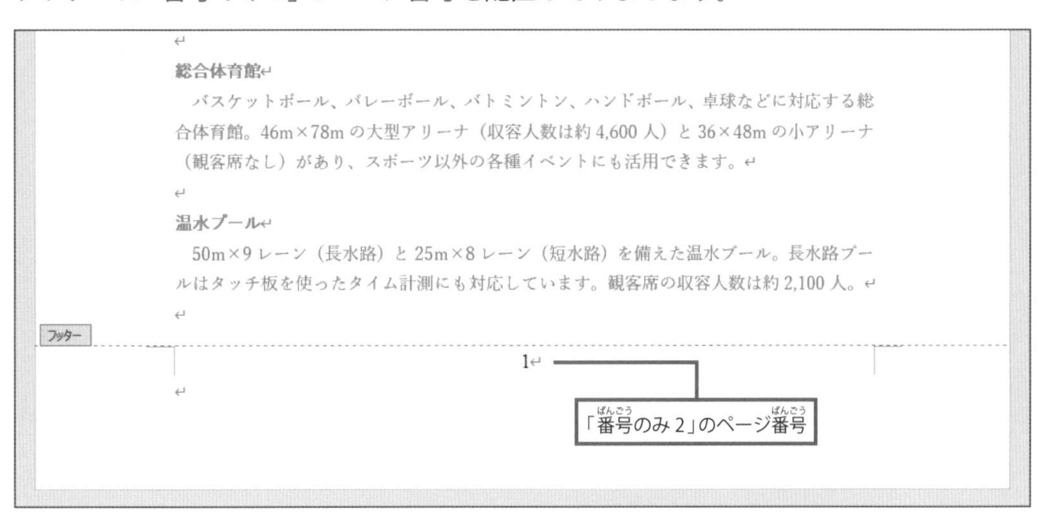

(2) 文書を下へスクロールし、各ページに正しくページ番号が表示されていることを確認してみましょう。

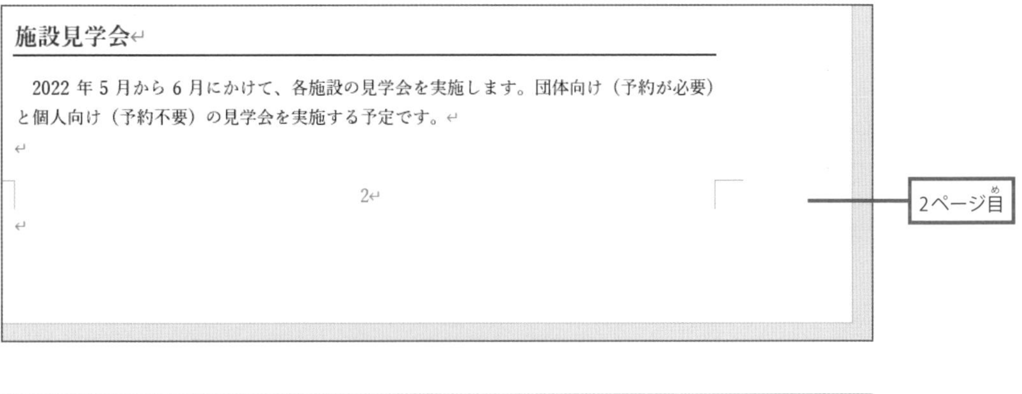

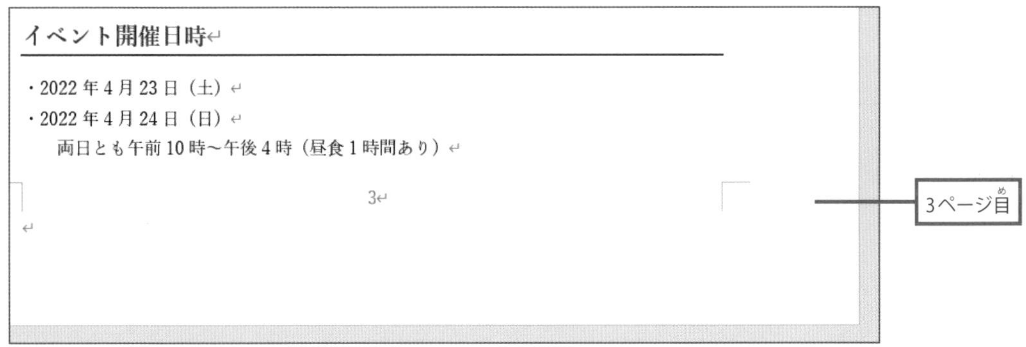

(3) 演習(2)で作成した文書を「08-2-3スポーツ施設」という名前でファイルに保存してみましょう。

Step 09 表紙と目次

09-1 表紙の作成

（1）ステップ08で保存した「08-2-3スポーツ施設」を開き、「金線細工」の表紙を作成してみましょう。

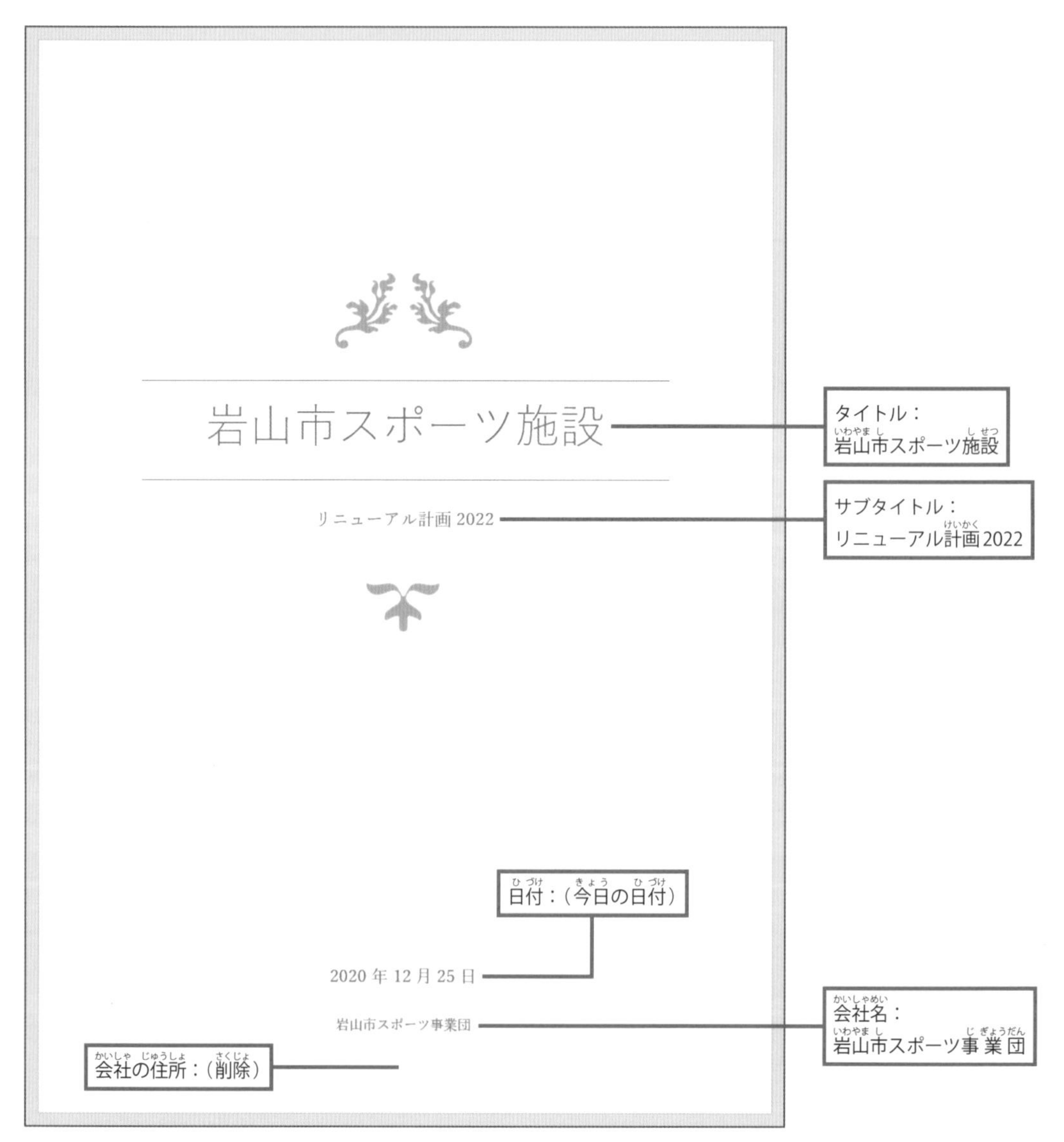

09-2 目次の作成

（1）表紙の後（本文の前）に「自動作成の目次2」を作成してみましょう。

スポーツ施設のリニューアル

目次

自動作成の目次2

1.リニューアル計画の概要

スポーツ施設について

2022 年 7 月にリニューアルされる「I-YAP」は、陸上競技場、天然芝グラウンド、総合体育館、温水プール、トレーニングジムなどを備えた複合型のスポーツ施設です。高校生や

1

MEMO

「自動作成の目次」はアウトライン レベルをもとに目次を作成します。このため、アウトライン レベルを正しく指定しておく必要があります。

09-3 「ページ区切り」の挿入

（1）「目次」と「本文」の間に「ページ区切り」を挿入し、「目次」と「本文」のページを分けてみましょう。

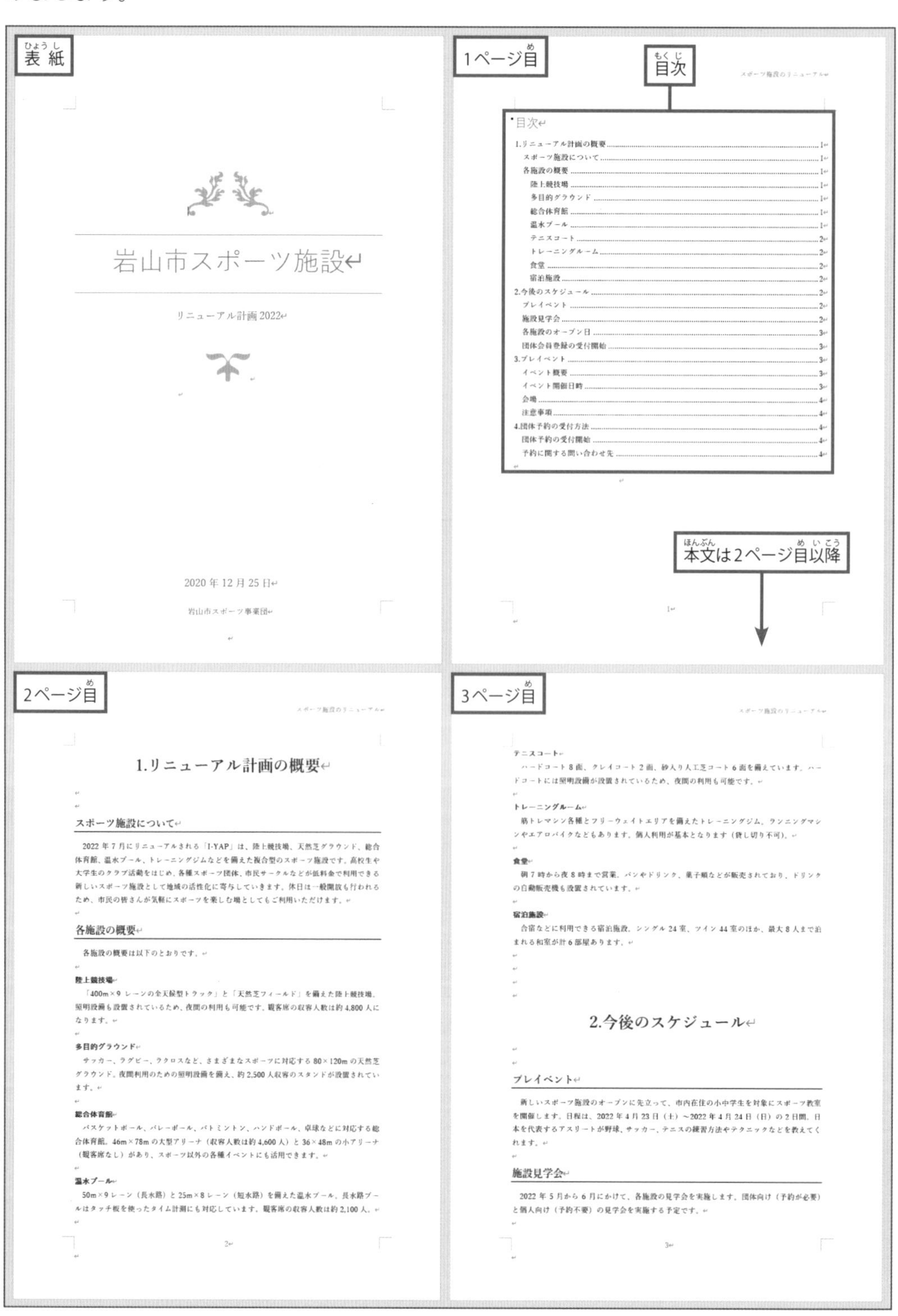

09-4 目次の更新

(1)「目次の更新」を実行し、目次のページ番号が正しく修正されていることを確認してみましょう。

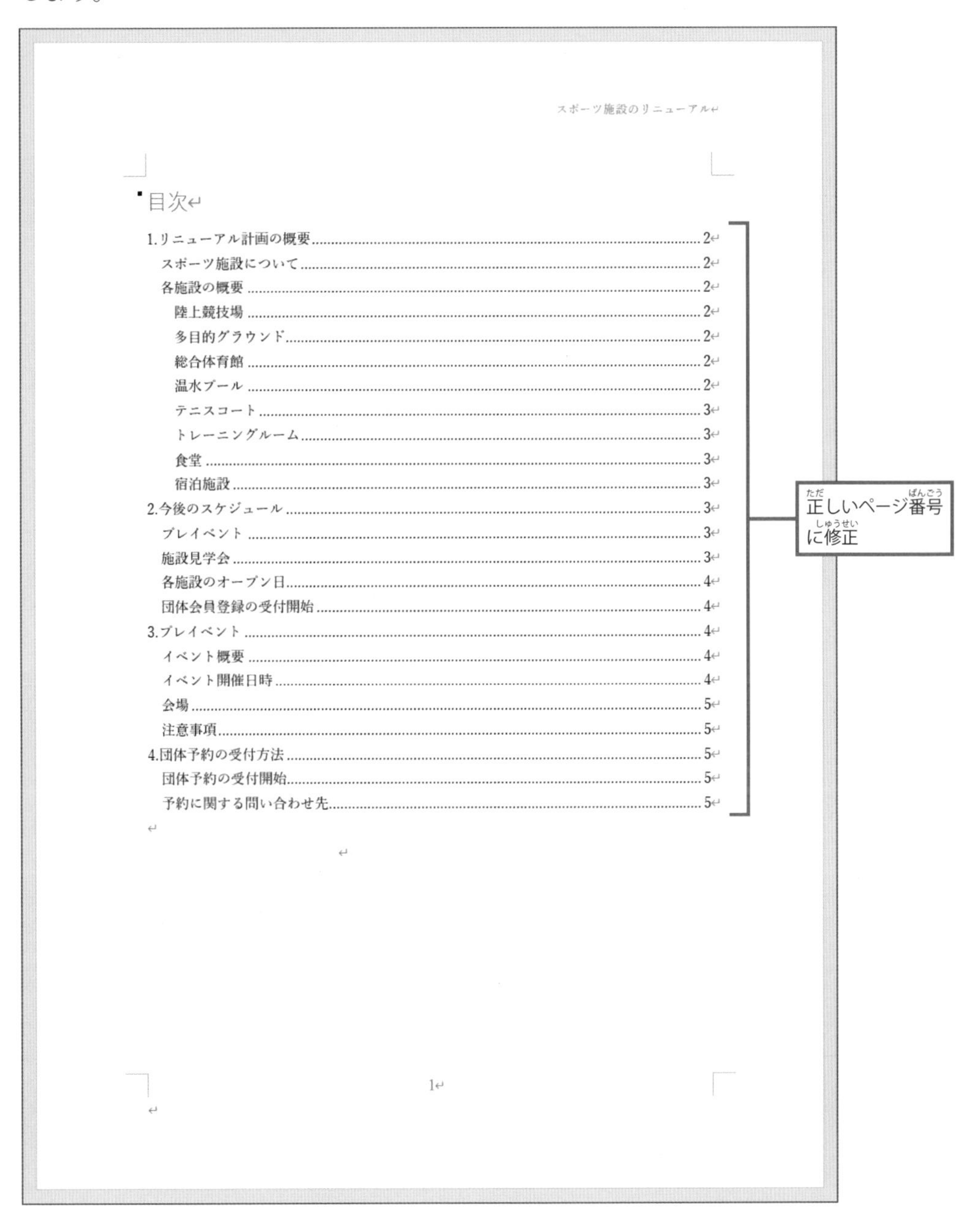

スポーツ施設のリニューアル

目次

1.リニューアル計画の概要 2
　スポーツ施設について 2
　各施設の概要 2
　　陸上競技場 2
　　多目的グラウンド 2
　　総合体育館 2
　　温水プール 2
　　テニスコート 3
　　トレーニングルーム 3
　　食堂 3
　　宿泊施設 3
2.今後のスケジュール 3
　プレイベント 3
　施設見学会 3
　各施設のオープン日 4
　団体会員登録の受付開始 4
3.プレイベント 4
　イベント概要 4
　イベント開催日時 4
　会場 5
　注意事項 5
4.団体予約の受付方法 5
　団体予約の受付開始 5
　予約に関する問い合わせ先 5

1

(2) 演習(1)で作成した文書を「09-4-2スポーツ施設」という名前でファイルに保存してみましょう。

Step 10

文書の印刷

10-1 印刷の実行

（1）ステップ09で保存した「09-4-2スポーツ施設」を開き、文書を印刷してみましょう。

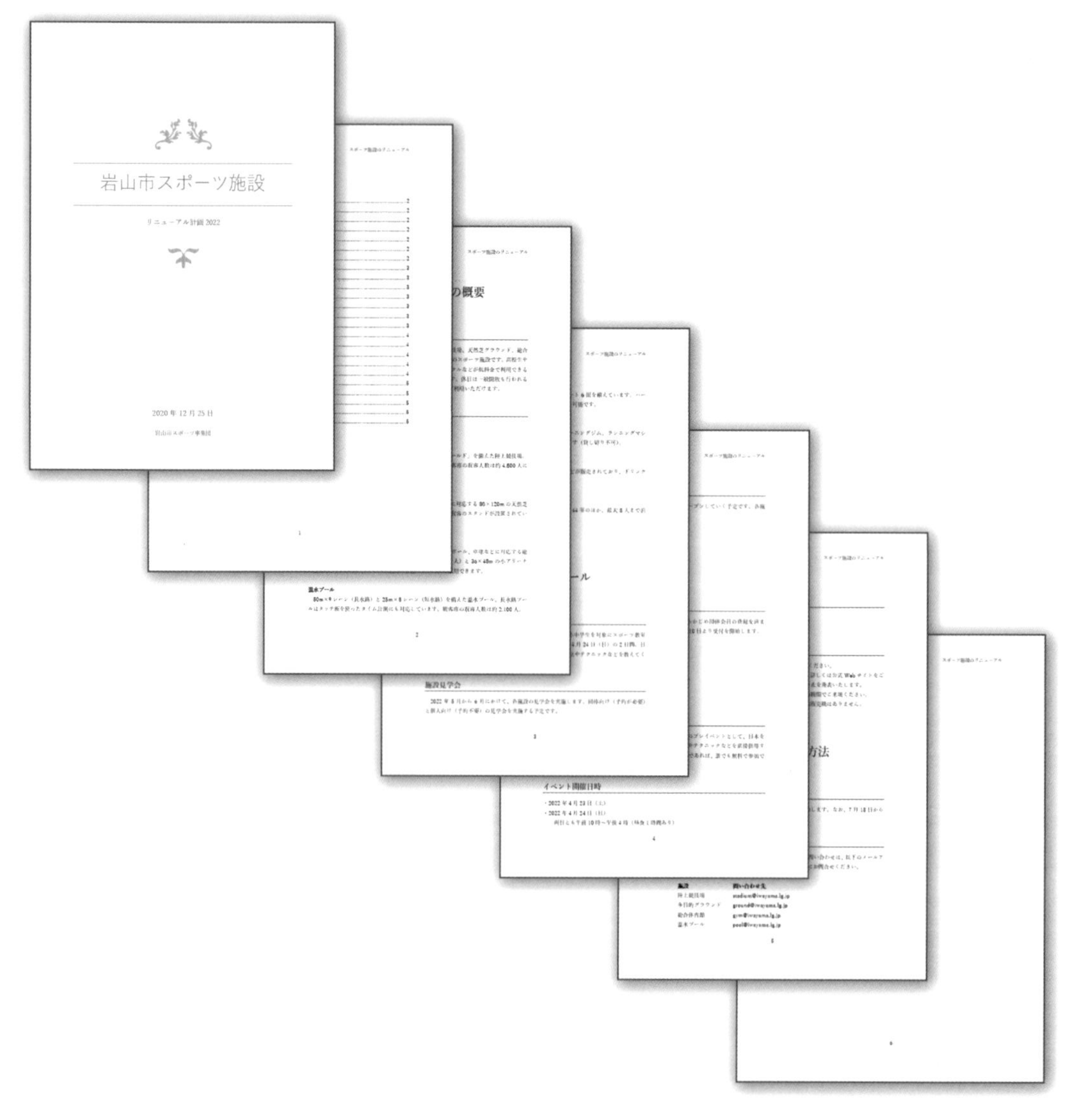

（2）2～4ページだけを印刷してみましょう。

Step 11 ページ設定

11-1 用紙の向きの変更

（1）新しい文書を作成し、以下のように文字を入力してみましょう。

営業時間
平日：午前10時～午後9時
休 日：午前10時～午後8時

※数字は半角で入力します。

営業時間↵
平日：午前 10 時～午後 9 時↵
休日：午前 10 時～午後 8 時↵

（2）すべての文字に「HG丸ゴシックM-PRO、54pt、中央揃え」の書式を指定してみましょう。

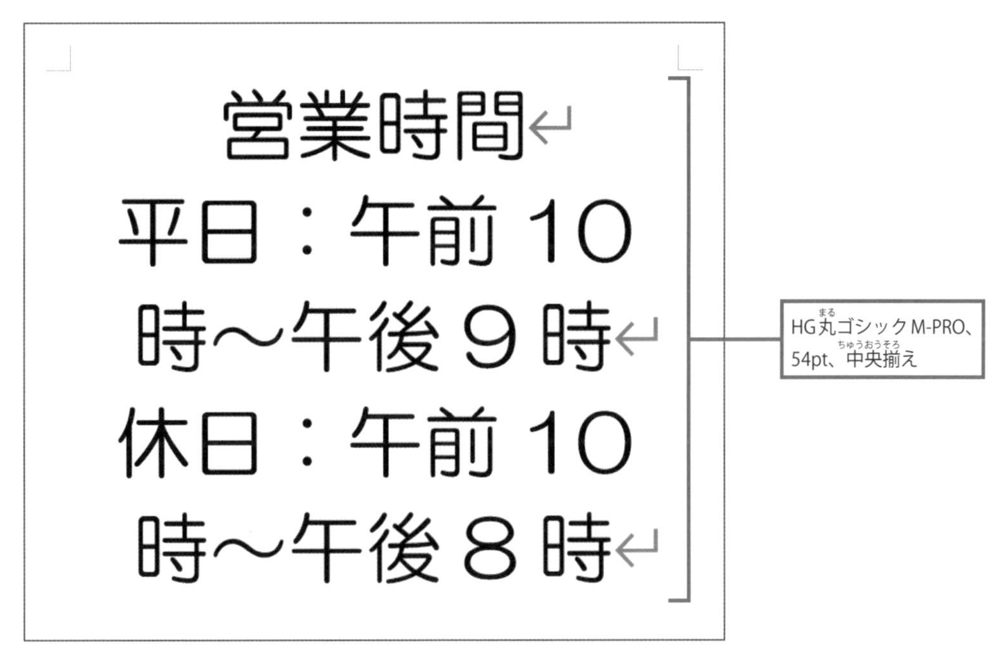

（3）用紙の向き（印刷の向き）を「横」に変更してみましょう。

営業時間
平日：午前10時～午後9時
休日：午前10時～午後8時

横向きに変更

11-2 余白の変更

（1）用紙の余白を「狭い」に変更し、文書の先頭に改行を2つ挿入してみましょう。

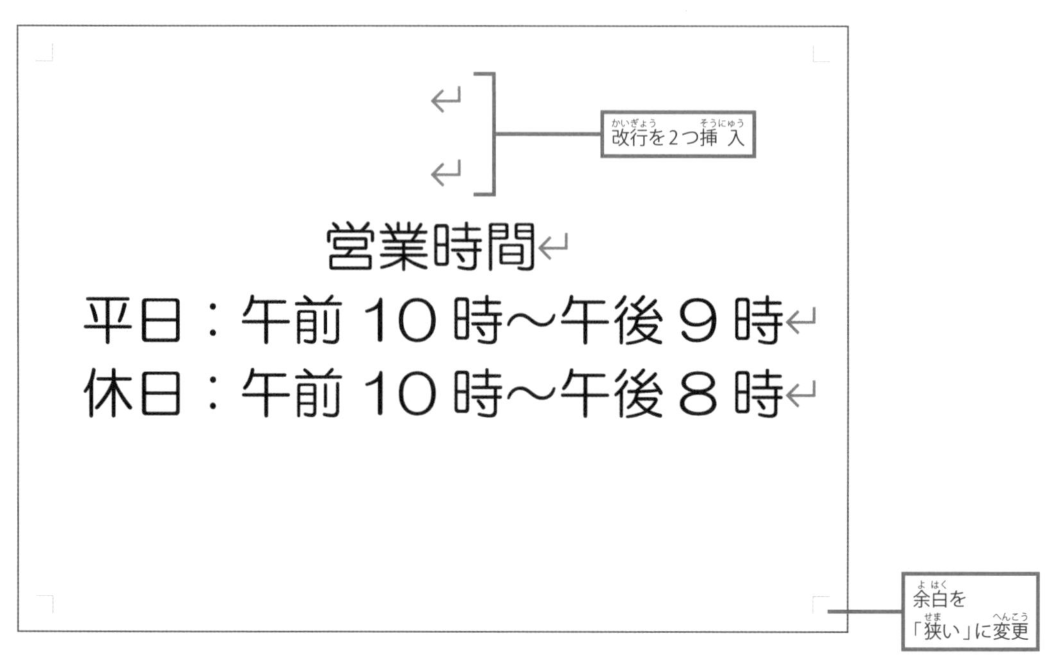

11-3 縦書きの文書

（1）新しい文書を作成し、以下のように文字を入力してみましょう。

台風の接近が予想されるため、
明日の講義は延期します。
新しい日程は、
決まり次第、ご連絡いたします。
山本

台風の接近が予想されるため、↵
明日の講義は延期します。↵
新しい日程は、↵
決まり次第、ご連絡いたします。↵
山本↵

（2）文書を縦書きに変更してみましょう。

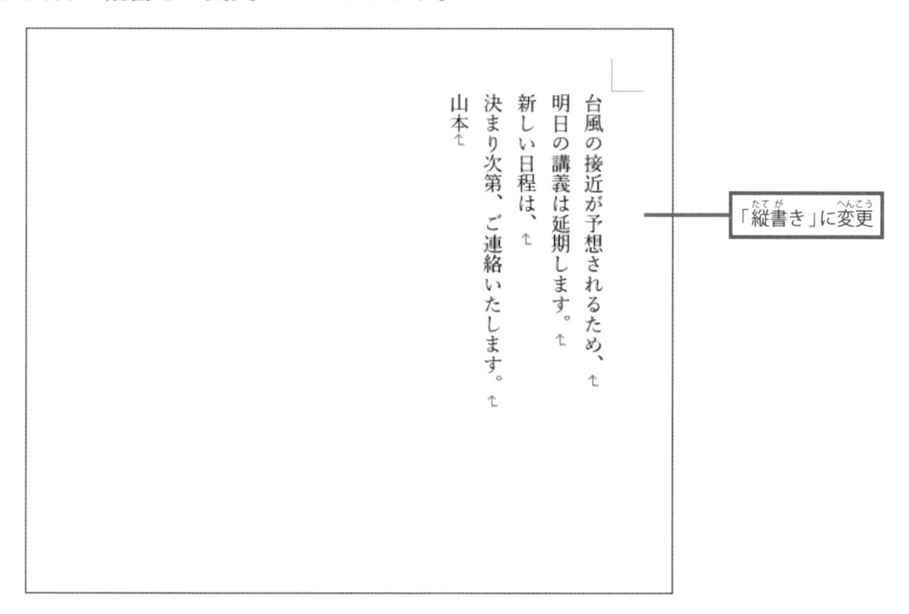

（3）すべての文字に「游明朝 Demibold、40pt」の書式を指定してみましょう。

（4）用紙の向き（印刷の向き）を「縦」に変更し、余白を「やや狭い」に変更してみましょう。

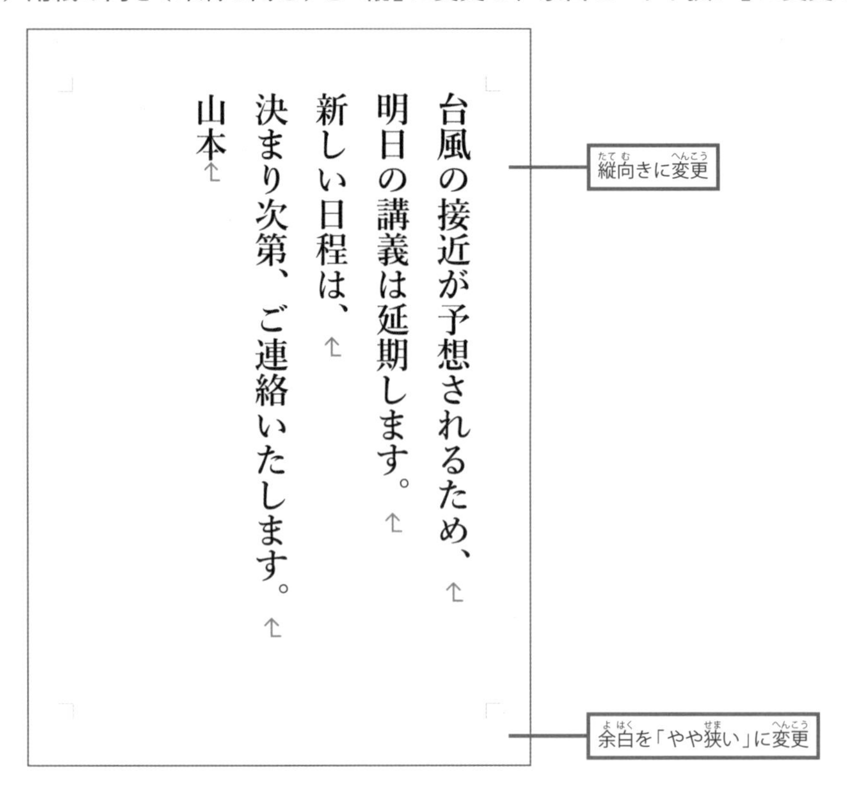

（5）文書の先頭に改行を1つ挿入し、「山本」の段落を「下揃え」に変更してみましょう。

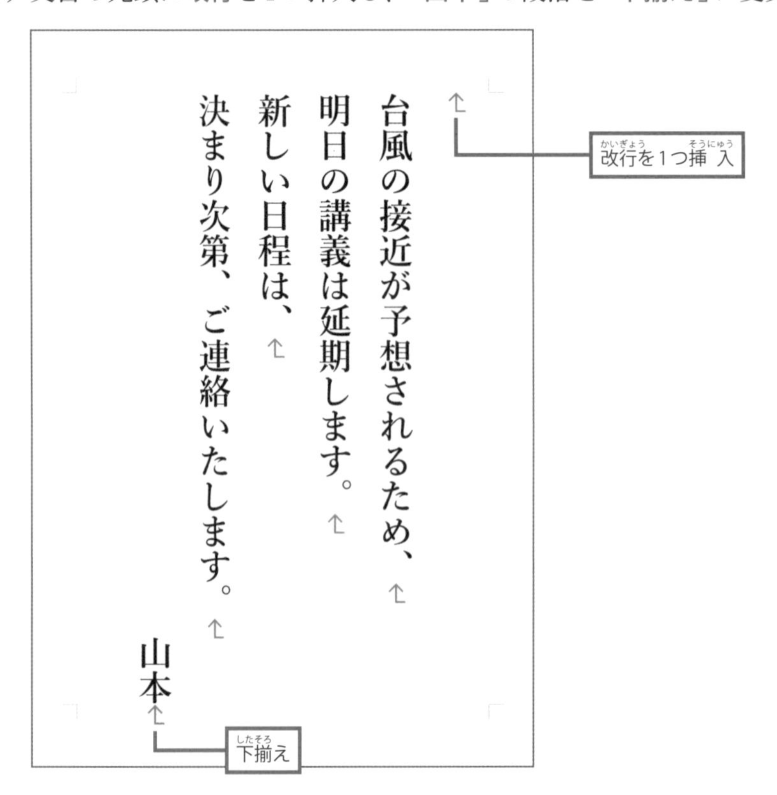

表の作成と編集

12-1 表の作成

（1）「12-0-0演習用」のWordファイルをダウンロードし、以下のように表を作成してみましょう。

※ https://cutt.jp/books/978-4-87783-792-1/ からダウンロードできます。

2022 年 3 月 15 日

入場料の改定のお知らせ

2022 年 7 月 2 日（土）のリニューアルオープンにあたり、入場料を改定させていただくことになりました。リニューアル後の入場料は以下のとおりです。

■入場料（2022 年 7 月 2 日以降）

	平日	土・日・祝	毎月 15 日	年間パスポート
一般	1,200 円	1,500 円	600 円	6,000 円
高校生	700 円	800 円	350 円	3,200 円
小学生	400 円	400 円	200 円	1,500 円
小学生未満	無料			

※小学生未満の方は無料で入場できます。

※毎月 15 日は平日料金の半額で入場できます。

表を作成

	平日	土・日・祝	毎月15日	年間パスポート
一般	1,200円	1,500円	600円	6,000円
高校生	700円	800円	350円	3,200円
小学生	400円	400円	200円	1,500円
小学生未満	無料			

12-2 行、列の挿入と削除

（1）表に行を挿入し、以下のようにデータを入力してみましょう。

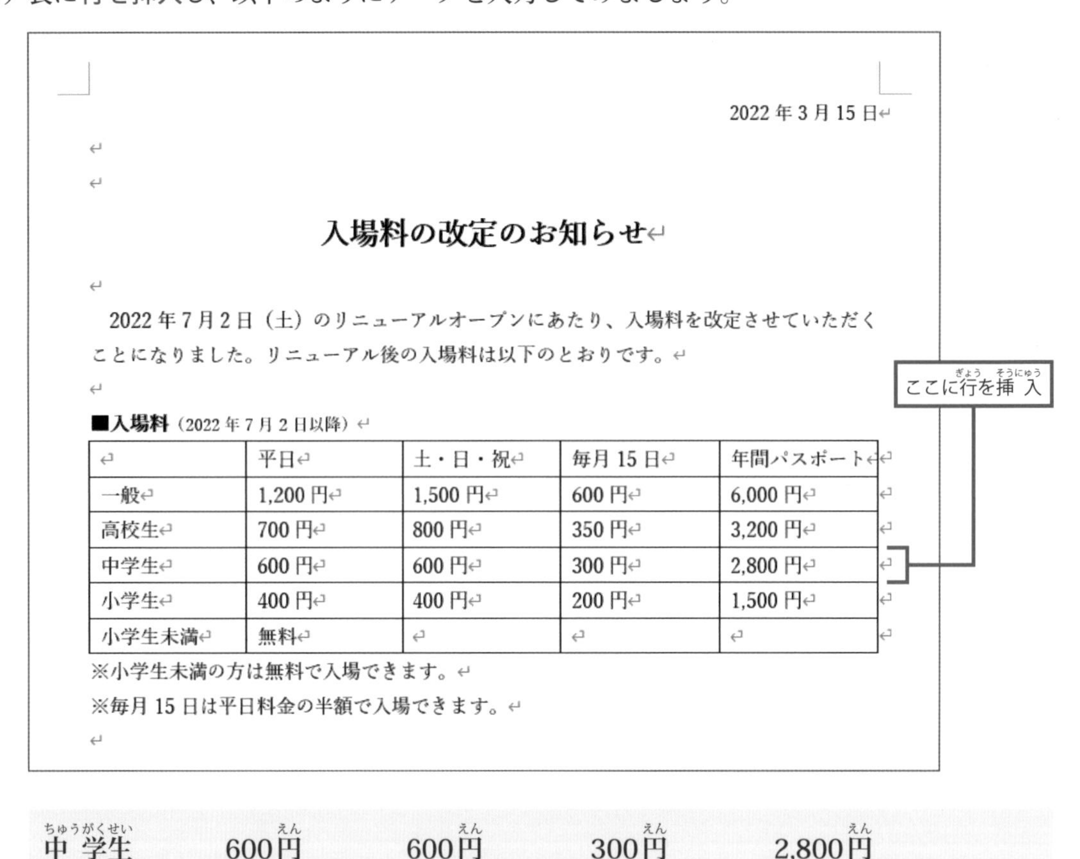

2022年3月15日

入場料の改定のお知らせ

2022年7月2日（土）のリニューアルオープンにあたり、入場料を改定させていただくことになりました。リニューアル後の入場料は以下のとおりです。

■**入場料**（2022年7月2日以降）

	平日	土・日・祝	毎月15日	年間パスポート
一般	1,200円	1,500円	600円	6,000円
高校生	700円	800円	350円	3,200円
中学生	600円	600円	300円	2,800円
小学生	400円	400円	200円	1,500円
小学生未満	無料			

※小学生未満の方は無料で入場できます。

※毎月15日は平日料金の半額で入場できます。

中学生	600円	600円	300円	2,800円

（2）「小学生未満」の行を削除してみましょう。

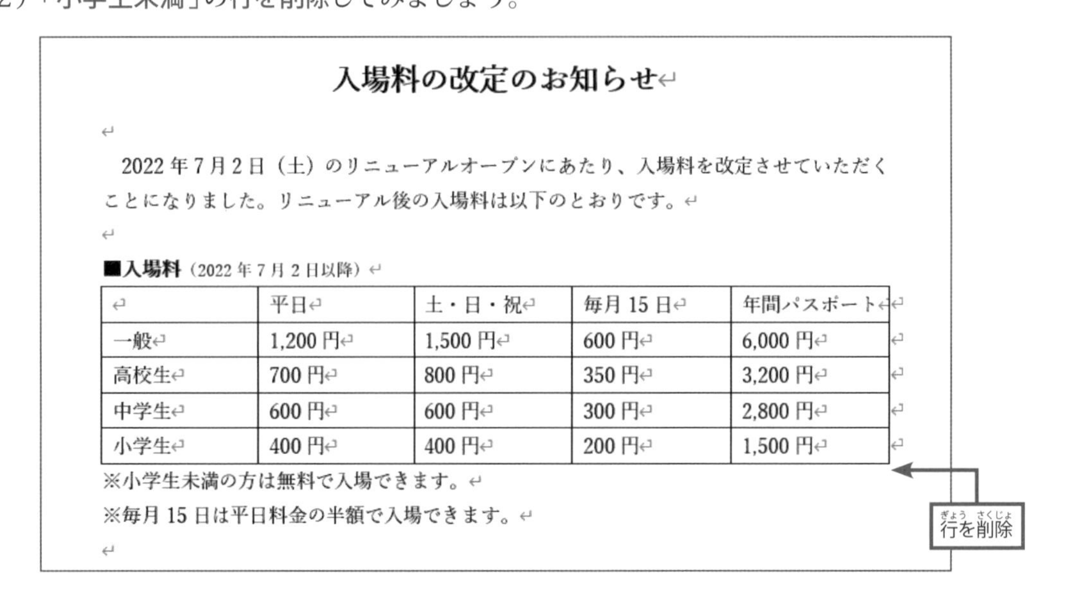

入場料の改定のお知らせ

2022年7月2日（土）のリニューアルオープンにあたり、入場料を改定させていただくことになりました。リニューアル後の入場料は以下のとおりです。

■**入場料**（2022年7月2日以降）

	平日	土・日・祝	毎月15日	年間パスポート
一般	1,200円	1,500円	600円	6,000円
高校生	700円	800円	350円	3,200円
中学生	600円	600円	300円	2,800円
小学生	400円	400円	200円	1,500円

※小学生未満の方は無料で入場できます。

※毎月15日は平日料金の半額で入場できます。

12-3 文字の書式と配置

（1）表内の文字の書式を以下のように変更してみましょう。

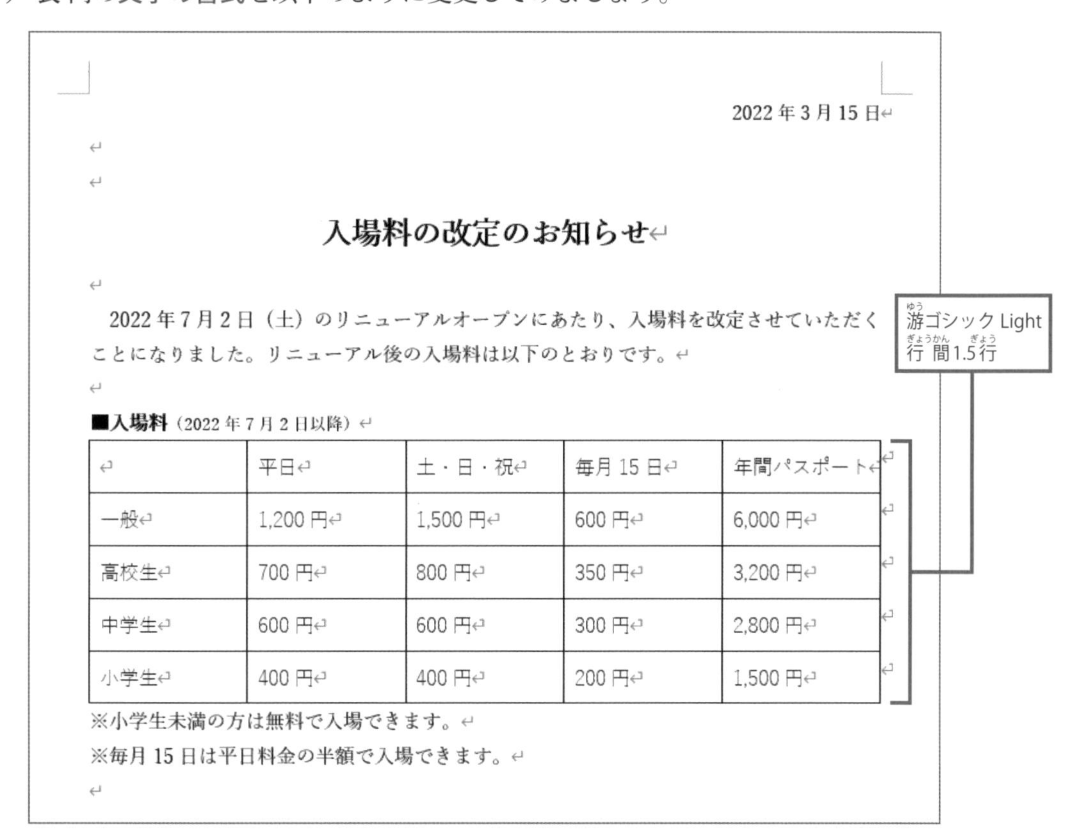

2022年3月15日

入場料の改定のお知らせ

2022年7月2日（土）のリニューアルオープンにあたり、入場料を改定させていただくことになりました。リニューアル後の入場料は以下のとおりです。

■入場料（2022年7月2日以降）

	平日	土・日・祝	毎月15日	年間パスポート
一般	1,200円	1,500円	600円	6,000円
高校生	700円	800円	350円	3,200円
中学生	600円	600円	300円	2,800円
小学生	400円	400円	200円	1,500円

※小学生未満の方は無料で入場できます。
※毎月15日は平日料金の半額で入場できます。

（2）表内の文字の配置を以下のように変更してみましょう。

入場料の改定のお知らせ

2022年7月2日（土）のリニューアルオープンにあたり、入場料を改定させていただくことになりました。リニューアル後の入場料は以下のとおりです。

■入場料（2022年7月2日以降）

	平日	土・日・祝	毎月15日	年間パスポート
一般	1,200円	1,500円	600円	6,000円
高校生	700円	800円	350円	3,200円
中学生	600円	600円	300円	2,800円
小学生	400円	400円	200円	1,500円

※小学生未満の方は無料で入場できます。
※毎月15日は平日料金の半額で入場できます。

12-4 表のデザイン

（1）表に「グリッド（表）5 濃色 - アクセント 6」のスタイルを適用してみましょう。続いて、表スタイルのオプションで「縞模様（行）」をOFFにしてみましょう。

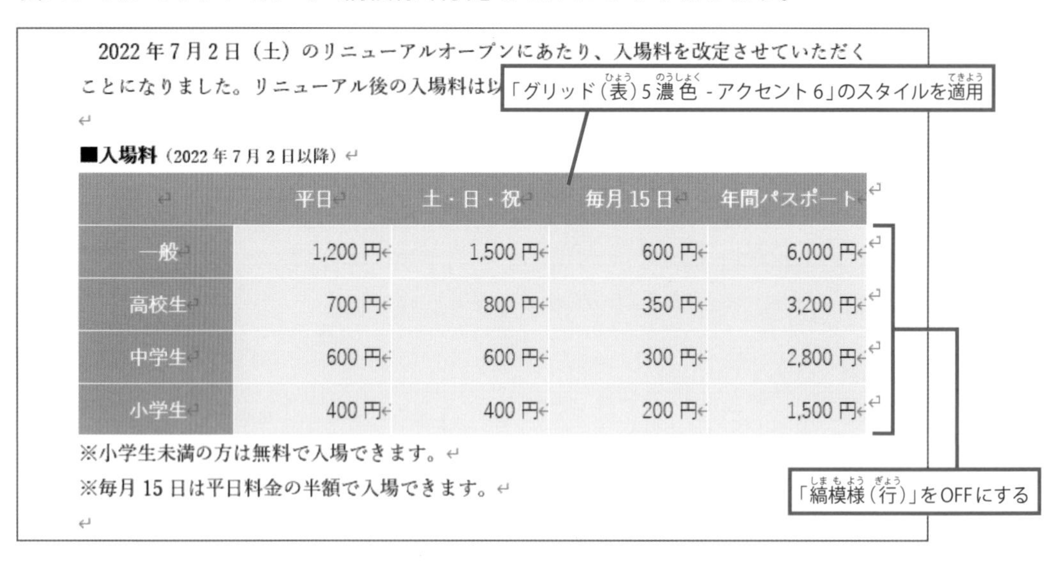

2022 年 7 月 2 日（土）のリニューアルオープンにあたり、入場料を改定させていただくことになりました。リニューアル後の入場料は以

■入場料（2022 年 7 月 2 日以降）

	平日	土・日・祝	毎月 15 日	年間パスポート
一般	1,200 円	1,500 円	600 円	6,000 円
高校生	700 円	800 円	350 円	3,200 円
中学生	600 円	600 円	300 円	2,800 円
小学生	400 円	400 円	200 円	1,500 円

※小学生未満の方は無料で入場できます。

※毎月 15 日は平日料金の半額で入場できます。

（2）「料金が入力されているセル」の背景色を以下のように変更し、太字を指定してみましょう。

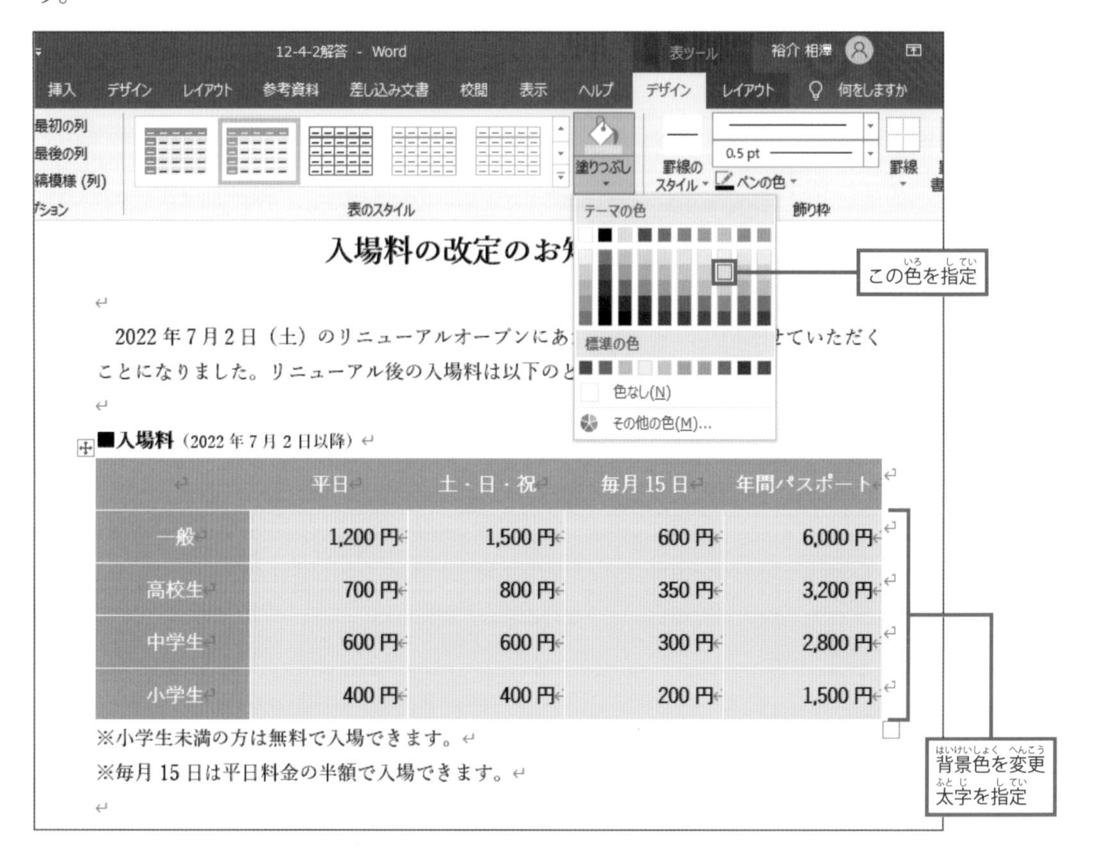

入場料の改定のお知

2022 年 7 月 2 日（土）のリニューアルオープンにあ　　　せていただく
ことになりました。リニューアル後の入場料は以下のと

■入場料（2022 年 7 月 2 日以降）

	平日	土・日・祝	毎月 15 日	年間パスポート
一般	**1,200 円**	**1,500 円**	**600 円**	**6,000 円**
高校生	**700 円**	**800 円**	**350 円**	**3,200 円**
中学生	**600 円**	**600 円**	**300 円**	**2,800 円**
小学生	**400 円**	**400 円**	**200 円**	**1,500 円**

※小学生未満の方は無料で入場できます。

※毎月 15 日は平日料金の半額で入場できます。

(3) 罫線の書式を以下のように変更してみましょう。

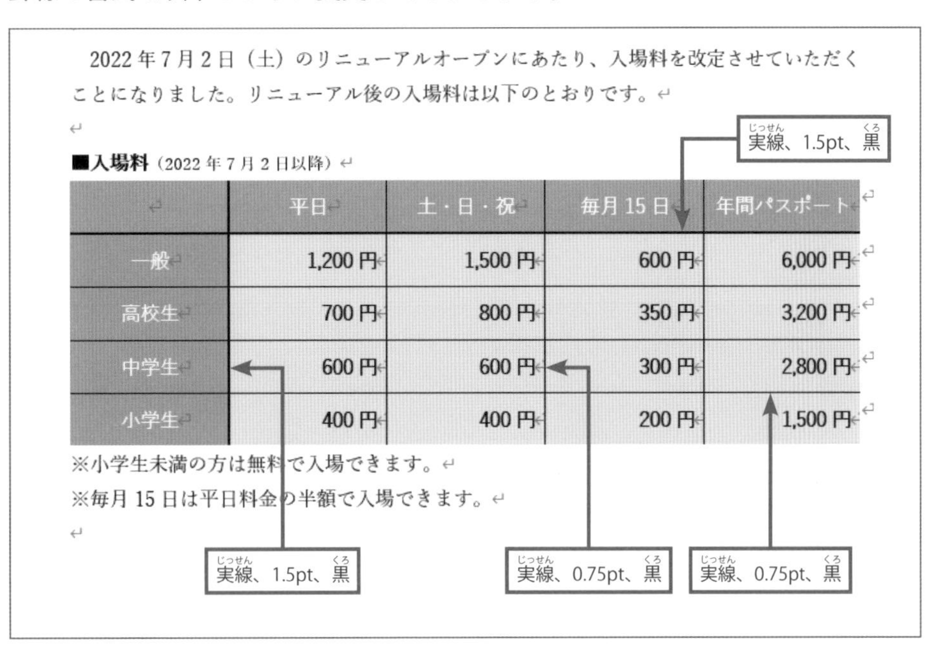

2022年7月2日（土）のリニューアルオープンにあたり、入場料を改定させていただくことになりました。リニューアル後の入場料は以下のとおりです。

■入場料（2022年7月2日以降）

	平日	土・日・祝	毎月15日	年間パスポート
一般	1,200円	1,500円	600円	6,000円
高校生	700円	800円	350円	3,200円
中学生	600円	600円	300円	2,800円
小学生	400円	400円	200円	1,500円

※小学生未満の方は無料で入場できます。
※毎月15日は平日料金の半額で入場できます。

12-5 サイズの調整

(1) 「左端の列」の幅を小さくしてみましょう。また、「右端の列」の幅を大きくしてみましょう。

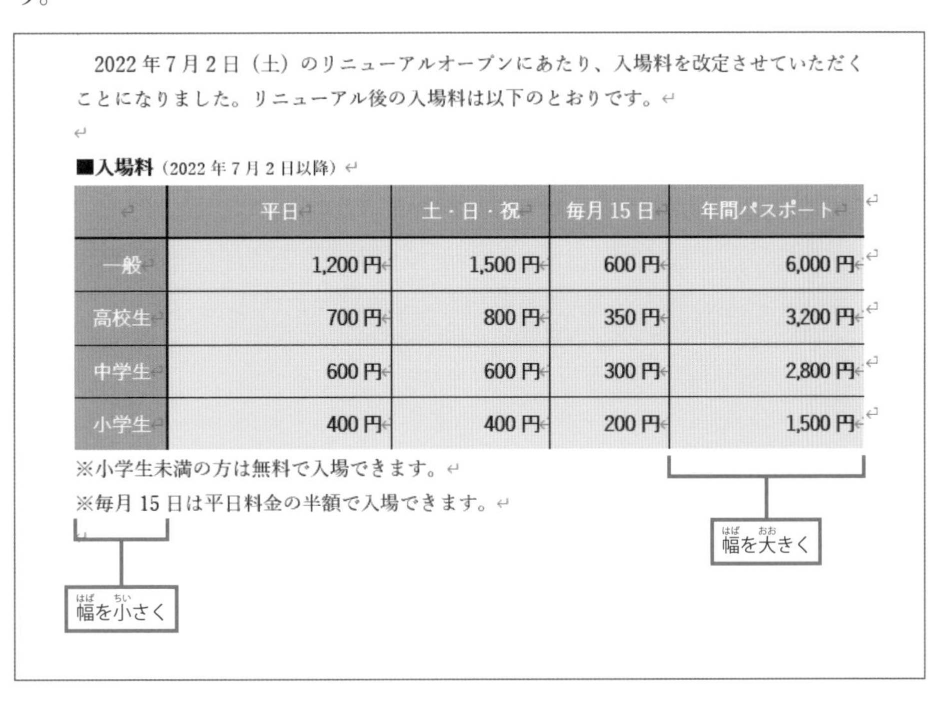

2022年7月2日（土）のリニューアルオープンにあたり、入場料を改定させていただくことになりました。リニューアル後の入場料は以下のとおりです。

■入場料（2022年7月2日以降）

	平日	土・日・祝	毎月15日	年間パスポート
一般	1,200円	1,500円	600円	6,000円
高校生	700円	800円	350円	3,200円
中学生	600円	600円	300円	2,800円
小学生	400円	400円	200円	1,500円

※小学生未満の方は無料で入場できます。
※毎月15日は平日料金の半額で入場できます。

(2)「2列目」〜「4列目」の幅を同じサイズに揃えてみましょう。

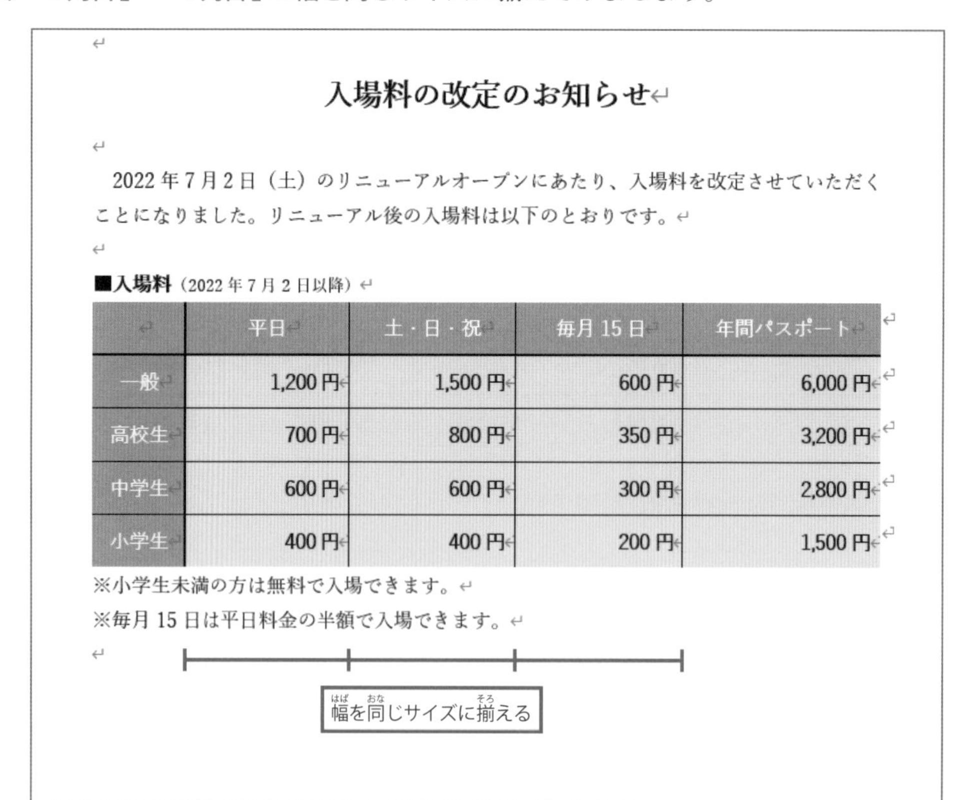

入場料の改定のお知らせ

2022年7月2日（土）のリニューアルオープンにあたり、入場料を改定させていただくことになりました。リニューアル後の入場料は以下のとおりです。

■入場料（2022年7月2日以降）

	平日	土・日・祝	毎月15日	年間パスポート
一般	1,200円	1,500円	600円	6,000円
高校生	700円	800円	350円	3,200円
中学生	600円	600円	300円	2,800円
小学生	400円	400円	200円	1,500円

※小学生未満の方は無料で入場できます。
※毎月15日は平日料金の半額で入場できます。

(3) 表全体の幅を小さくしてみましょう。

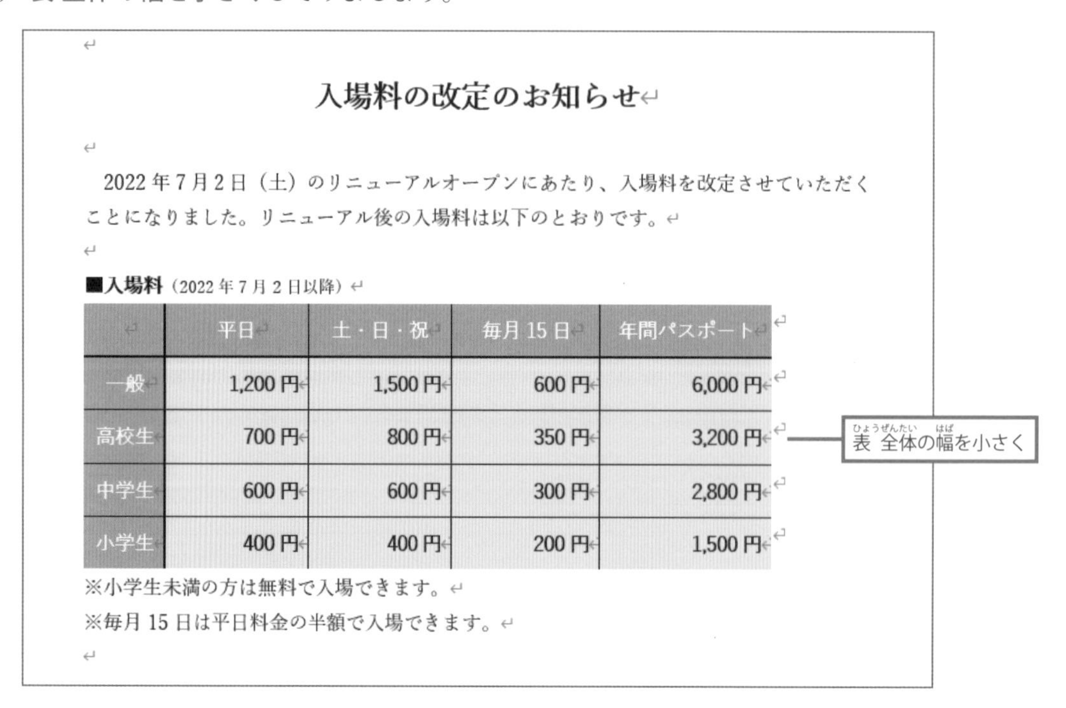

入場料の改定のお知らせ

2022年7月2日（土）のリニューアルオープンにあたり、入場料を改定させていただくことになりました。リニューアル後の入場料は以下のとおりです。

■入場料（2022年7月2日以降）

	平日	土・日・祝	毎月15日	年間パスポート
一般	1,200円	1,500円	600円	6,000円
高校生	700円	800円	350円	3,200円
中学生	600円	600円	300円	2,800円
小学生	400円	400円	200円	1,500円

※小学生未満の方は無料で入場できます。
※毎月15日は平日料金の半額で入場できます。

MEMO

表の位置を移動するときは、表の左上に表示される[+]をドラッグします。

■**入場料**（2022年7月2日以降）

	平日	土・日・祝	毎月15日	年間パスポート
一般	1,200円	1,500円	600円	6,000円
高校生		800円	350円	3,200円
中学生	600円	600円	300円	2,800円
小学生	400円	400円	200円	1,500円

ここをドラッグすると、表の位置を移動できる

※小学生未満の方は無料で入場できます。

※毎月15日は平日料金の半額で入場できます。

12-6 セルの結合

（1）以下のようにセルを結合し、文字を中央揃えで配置してみましょう。

入場料の改定のお知らせ

2022年7月2日（土）のリニューアルオープンにあたり、入場料を改定させていただくことになりました。リニューアル後の入場料は以下のとおりです。

■**入場料**（2022年7月2日以降）

	平日	土・日・祝	毎月15日	年間パスポート
一般	1,200円	1,500円	600円	6,000円
高校生	700円	800円	350円	3,200円
中学生	600円		300円	2,800円
小学生	400円		200円	1,500円

※小学生未満の方は無料で入場できます。

※毎月15日は平日料金の半額で入場できます。

セルを結合

（2）演習（1）で作成した文書を「12-6-2入場料の改定」という名前でファイルに保存してみましょう。

Step 13 画像の利用

13-1 画像の挿入と配置

（1）「13-0-0演習用」と「13-0-0画像」をダウンロードし、文書に画像を挿入してみましょう。

※ https://cutt.jp/books/978-4-87783-792-1/ からダウンロードできます。

灯台のある風景↵

↵

灯台の役割↵

船が現在の位置を把握したり、暗礁に乗り上げたりしないようにするための建物が灯台です。ただし、近年は GPS が発展し、灯台の必要性が低くなってきたため、灯台が撤去されつつあります。↵

↵

ここに画像を挿入し、サイズを調整

灯台と景観↵

灯台は、船が安全に航行するためだけでなく、美しい景観を構成する要素の一つでもあります。このため、役割を終えた灯台を「歴史的な遺産」として、未来に残そうと活動している人もいます。↵

↵

↵

MEMO

画像のサイズを調整するときは、「四隅にあるハンドル」をドラッグします。「上下左右にあるハンドル」をドラッグすると、縦横の比率が変更されることに注意してください。

（2）そのまま画像を右下へ移動してみましょう。
※文書のレイアウトが大きく乱れます。

灯台のある風景↵

↵

灯台の役割↵

船が現在の位置を把握したり、暗礁に乗り上げたりしないようにするための建物が灯台です。ただし、近年は GPS が発展し、灯台の必要性が低くなってきたため、灯台が撤去されつつあります。↵

↵

灯台と景観↵

画像をドラッグして移動

灯台は、船が安全に航行するためだけでなく、美しい景観を構成する要素の一つでもあり

ます。このため、役割を終えた灯台を「歴史的な遺産」として、未来に残そうと活動している人もいます。↵

↵

（3）今度は、画像のレイアウトを「四角形」に変更してから、以下のように位置とサイズを調整してみましょう。

↵

灯台の役割↵

船が現在の位置を把握したり、暗礁に乗り上げたりしないようにするための建物が灯台です。ただし、近年は GPS が発展し、灯台の必要性が低くなってきたため、灯台が撤去されつつあります。↵

↵

このように画像を配置

灯台と景観↵

灯台は、船が安全に航行するためだけでなく、美しい景観を構成する要素の一つでもあります。このため、役割を終えた灯台を「歴史的な遺産」として、未来に残そうと活動している人もいます。↵

↵

↵

13-2 画像の補正と加工

（1）「修整」コマンドを使って、画像の明るさを「＋20%」、コントラストを「−20%」に補正してみましょう。

灯台のある風景↵

明るさ：＋20%
コントラスト：−20%

↵

灯台の役割↵

船が現在の位置を把握したり、暗礁に乗り上げたりしないようにするための建物が灯台です。ただし、近年は GPS が発展し、灯台の必要性が低くなってきたため、灯台が撤去されつつあります。↵

↵

灯台と景観↵

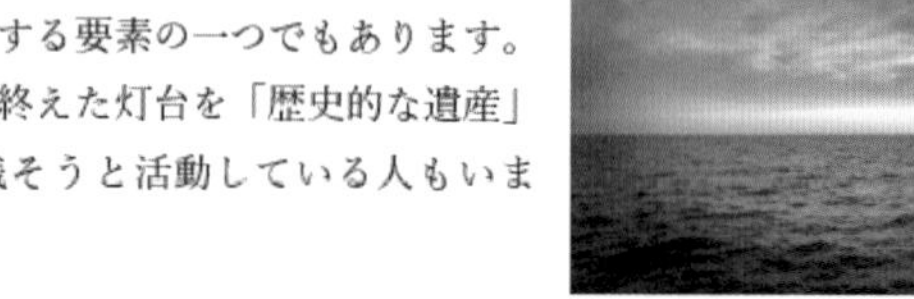

灯台は、船が安全に航行するためだけでなく、美しい景観を構成する要素の一つでもあります。このため、役割を終えた灯台を「歴史的な遺産」として、未来に残そうと活動している人もいます。↵

↵

↵

（2）「オレンジ、太さ4.5pt」の枠線で画像を囲んでみましょう。

灯台のある風景↵

オレンジ、太さ4.5pt

↵

灯台の役割↵

船が現在の位置を把握したり、暗礁に乗り上げたりしないようにするための建物が灯台です。ただし、近年は GPS が発展し、灯台の必要性が低くなってきたため、灯台が撤去されつつあります。↵

↵

灯台と景観↵

灯台は、船が安全に航行するためだけでなく、美しい景観を構成する要素の一つでもあります。このため、役割を終えた灯台を「歴史的な遺産」として、未来に残そうと活動している人もいます。↵

↵

↵

（3）画像に「面取り」→「カットアウト」の効果を指定してみましょう。

灯台のある風景↵

「カットアウト」の効果を指定

↵

灯台の役割↵

船が現在の位置を把握したり、暗礁に乗り上げたりしないようにするための建物が灯台です。ただし、近年は GPS が発展し、灯台の必要性が低くなってきたため、灯台が撤去されつつあります。↵

↵

灯台と景観↵

灯台は、船が安全に航行するためだけでなく、美しい景観を構成する要素の一つでもあります。このため、役割を終えた灯台を「歴史的な遺産」として、未来に残そうと活動している人もいます。↵

↵

↵

（4）画像に「シンプルな枠、黒」の図のスタイルを適用してみましょう。

灯台のある風景↵

「シンプルな枠、黒」のスタイルを適用

↵

灯台の役割↵

船が現在の位置を把握したり、暗礁に乗り上げたりしないようにするための建物が灯台です。ただし、近年は GPS が発展し、灯台の必要性が低くなってきたため、灯台が撤去されつつあります。↵

↵

灯台と景観↵

灯台は、船が安全に航行するためだけでなく、美しい景観を構成する要素の一つでもあります。このため、役割を終えた灯台を「歴史的な遺産」として、未来に残そうと活動している人もいます。

↵

↵

（5）演習（4）で作成した文書を「13-2-5灯台のある風景」という名前でファイルに保存してみましょう。

図形とテキストボックス

14-1 テキストボックス

（1）ステップ13で保存した「13-2-5灯台のある風景」を開き、テキストボックスを使って「灯台と夕日」と入力してみましょう。

テキストボックスを描画し、「灯台と夕日」と入力

灯台と夕日↵

灯台のある風景↵

↵

灯台の役割↵

船が現在の位置を把握したり、暗礁に乗り上げたりしないようにするための建物が灯台です。ただし、近年はGPSが発展し、灯台の必要性が低くなってきたため、灯台が撤去されつつあります。↵

↵

灯台と景観↵

灯台は、船が安全に航行するためだけでなく、美しい景観を構成する要素の一つでもあります。このため、役割を終えた灯台を「歴史的な遺産」として、未来に残そうと活動している人もいます。↵

↵

↵

MEMO

図形やテキストボックスを描画するときは、［挿入］タブを選択し、「図形」コマンドをクリックします。

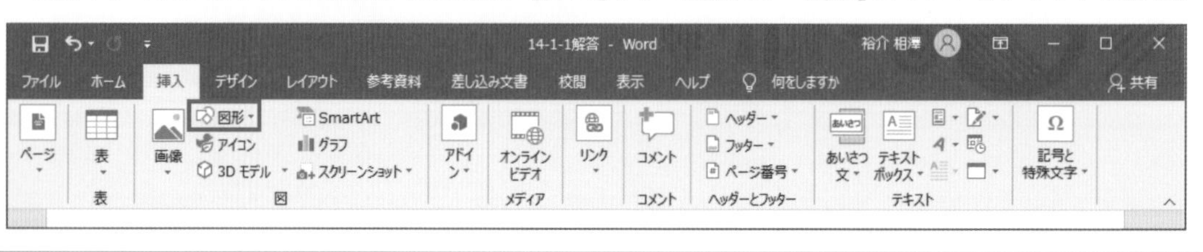

（2）テキストボックス内の文字の書式を「メイリオ、9pt」に変更してみましょう。

灯台のある風景↵

灯台と夕日↵

メイリオ、9pt

↵

灯台の役割↵

船が現在の位置を把握したり、暗礁に乗り上げたりしないようにするための建物が灯台です。ただし、近年はGPSが発展し、灯台の必要性が低くなってきたため、灯台が撤去されつつあります。↵

↵

灯台と景観↵

灯台は、船が安全に航行するためだけでなく、美しい景観を構成する要素の一つでもあります。このため、役割を終えた灯台を「歴史的な遺

（3）テキストボックスの書式を「塗りつぶしなし」、「枠線なし」に変更し、以下のように配置してみましょう。

灯台のある風景↵

↵

灯台の役割↵

船が現在の位置を把握したり、暗礁に乗り上げたりしないようにするための建物が灯台です。ただし、近年はGPSが発展し、灯台の必要性が低くなってきたため、灯台が撤去されつつあります。↵

↵

灯台と景観↵

灯台は、船が安全に航行するためだけでなく、美しい景観を構成する要素の一つでもあります。このため、役割を終えた灯台を「歴史的な遺産」として、未来に残そうと活動している人もいます。↵

↵

↵

灯台と夕日↵

塗りつぶしなし、枠線なし

14-2 図形の活用

（1）テキストボックスを削除し、「矢印：五方向」の図形を描画してみましょう。

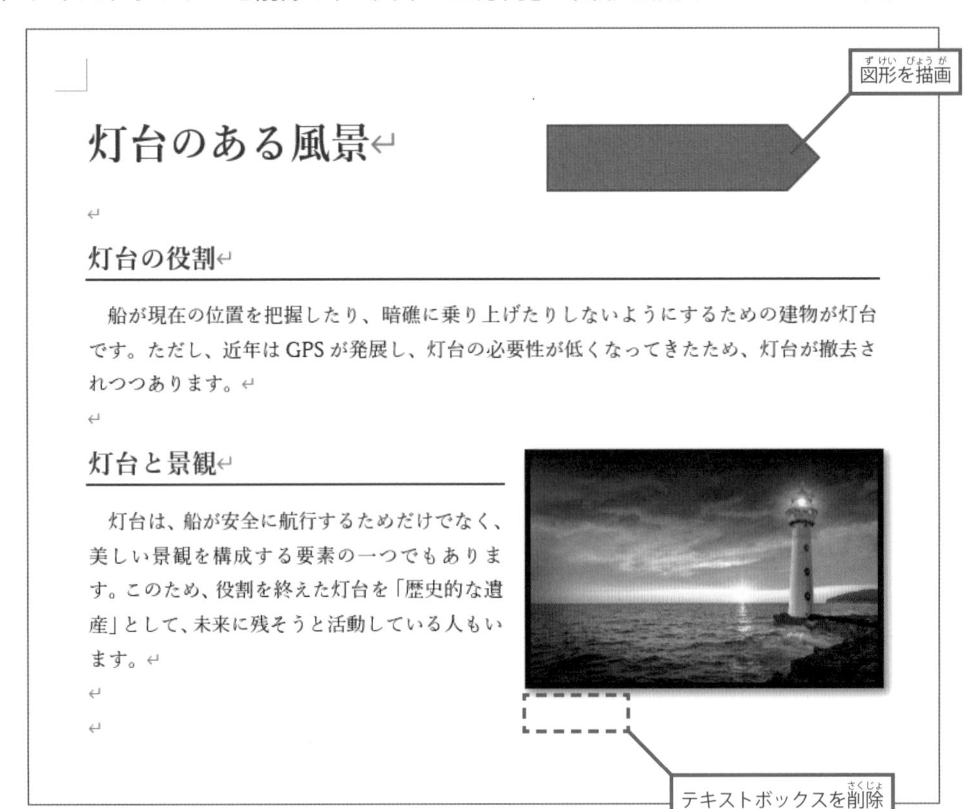

（2）図形に「光沢 − 黒、濃色 1」の図形のスタイルを適用してみましょう。

船が現在の位置を把握したり、暗礁に乗り上げたりしないようにするための建物が灯台です。ただし、近年はGPSが発展し、灯台の必要性が低くなってきたため、灯台が撤去されつつあります。

灯台と景観

灯台は、船が安全に航行するためだけでなく、美しい景観を構成する要素の一つでもあります。このため、役割を終えた灯台を「歴史的な遺

（3）図形内に「灯台と夕日」と入力し、「メイリオ、9pt」の書式を指定してみましょう。

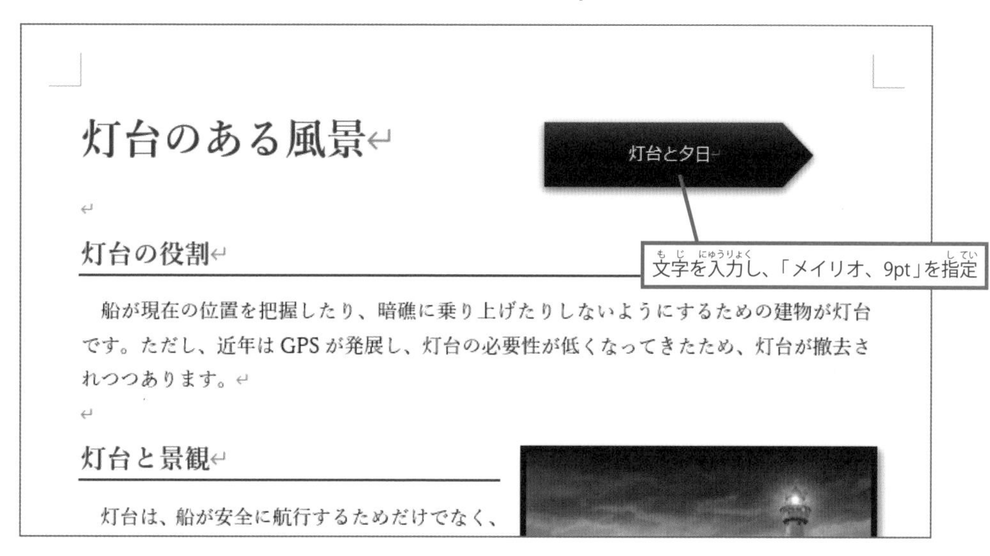

灯台のある風景

灯台の役割

船が現在の位置を把握したり、暗礁に乗り上げたりしないようにするための建物が灯台です。ただし、近年はGPSが発展し、灯台の必要性が低くなってきたため、灯台が撤去されつつあります。

灯台と景観

灯台は、船が安全に航行するためだけでなく、

（4）以下のように図形のサイズと位置を調整してみましょう。

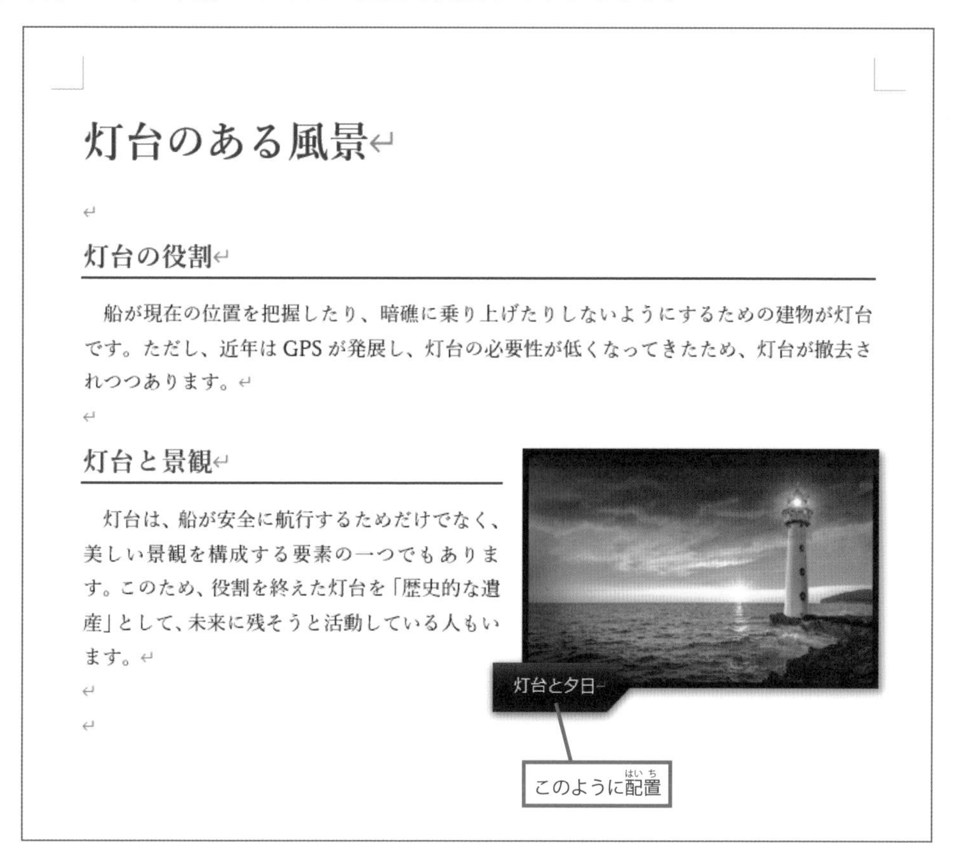

灯台のある風景

灯台の役割

船が現在の位置を把握したり、暗礁に乗り上げたりしないようにするための建物が灯台です。ただし、近年はGPSが発展し、灯台の必要性が低くなってきたため、灯台が撤去されつつあります。

灯台と景観

灯台は、船が安全に航行するためだけでなく、美しい景観を構成する要素の一つでもあります。このため、役割を終えた灯台を「歴史的な遺産」として、未来に残そうと活動している人もいます。

（5）演習（4）で作成した文書を「14-2-5灯台のある風景」という名前でファイルに保存してみましょう。

グラフの作成と編集

15-1 棒グラフの作成

（1）新しい文書に「新聞の発行部数」と入力し、以下のようにグラフを作成してみましょう。
※グラフ作成用のデータはP67を参照してください。

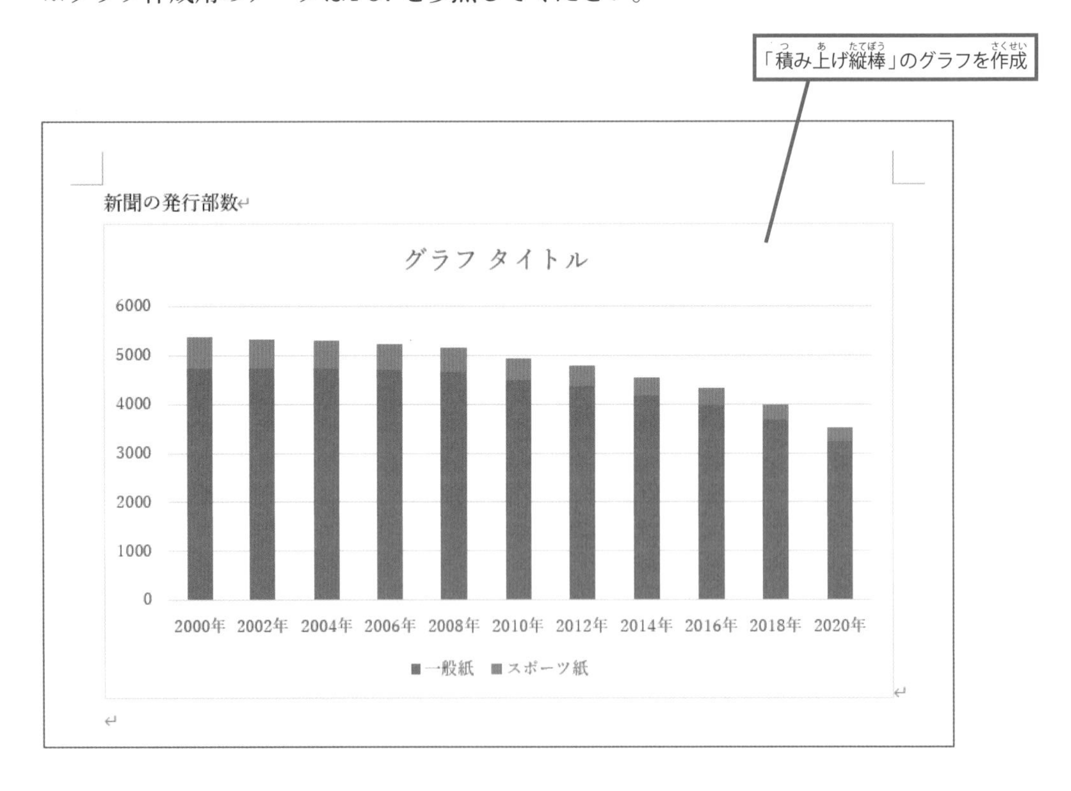

MEMO

グラフを作成するときは、［挿入］タブを選択し、「グラフ」コマンドをクリックします。

■グラフ作成用のデータ

	一般紙	スポーツ紙
2000年	4,740	631
2002年	4,739	581
2004年	4,747	555
2006年	4,706	525
2008年	4,656	493
2010年	4,491	442
2012年	4,372	405
2014年	4,169	368
2016年	3,982	346
2018年	3,682	308
2020年	3,245	264

※日本新聞協会の調査データ（各年10月）より

（2）グラフ タイトルに「発行部数の推移（単位：万部）」と入力してみましょう。

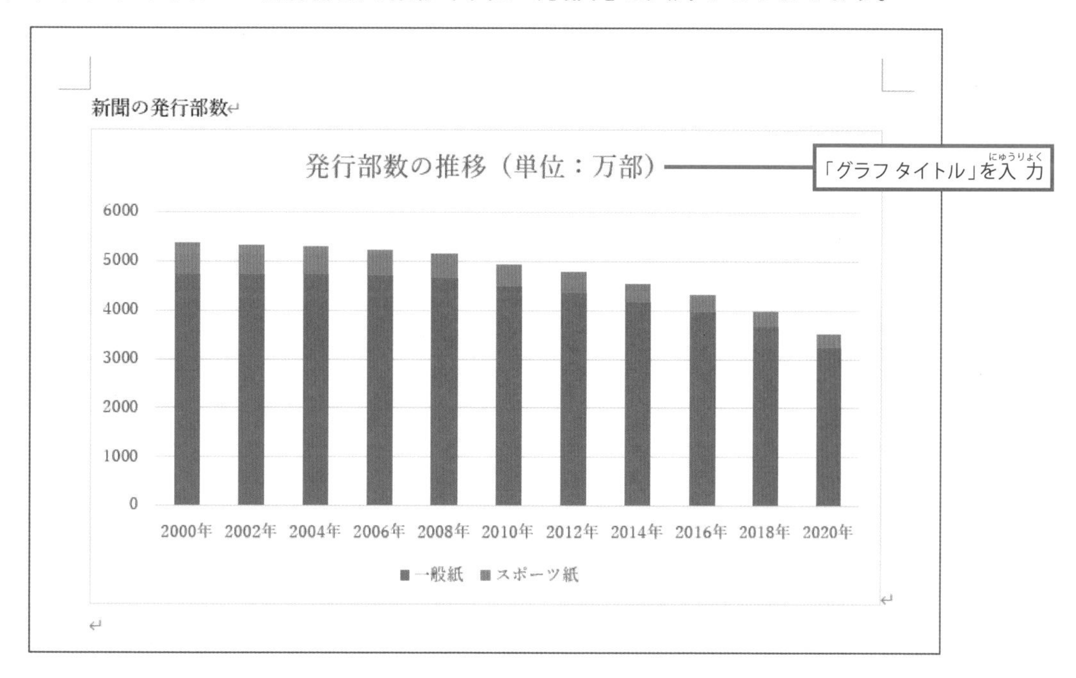

15-2 棒グラフの編集

（1）グラフ スタイルを「スタイル11」に変更してみましょう。

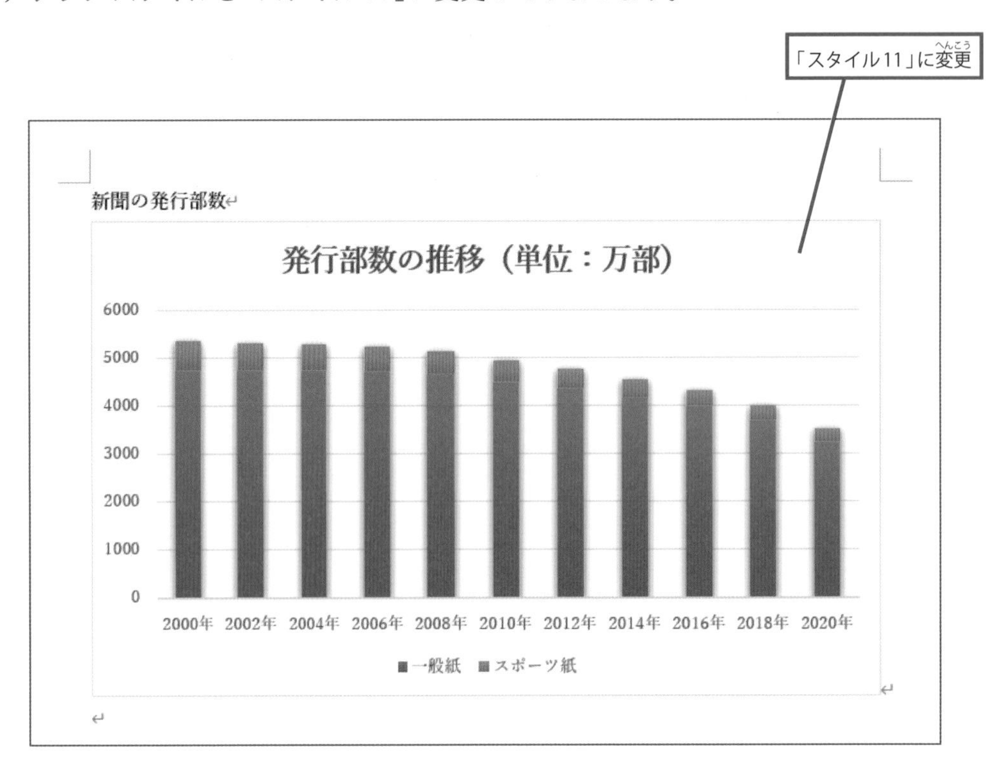

（2）「（単位：万部）」の文字サイズを「10pt」に変更してみましょう。

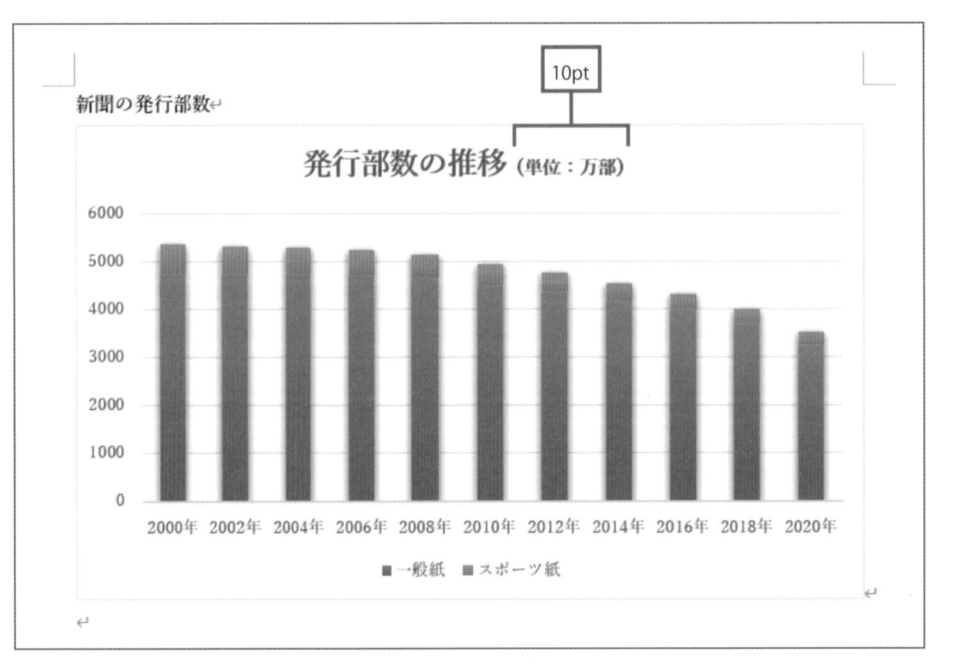

（3）グラフの色を「カラフルなパレット 3」に変更してみましょう。

Hint： グラフ ツールの［デザイン］タブにある「色の変更」を使用します。

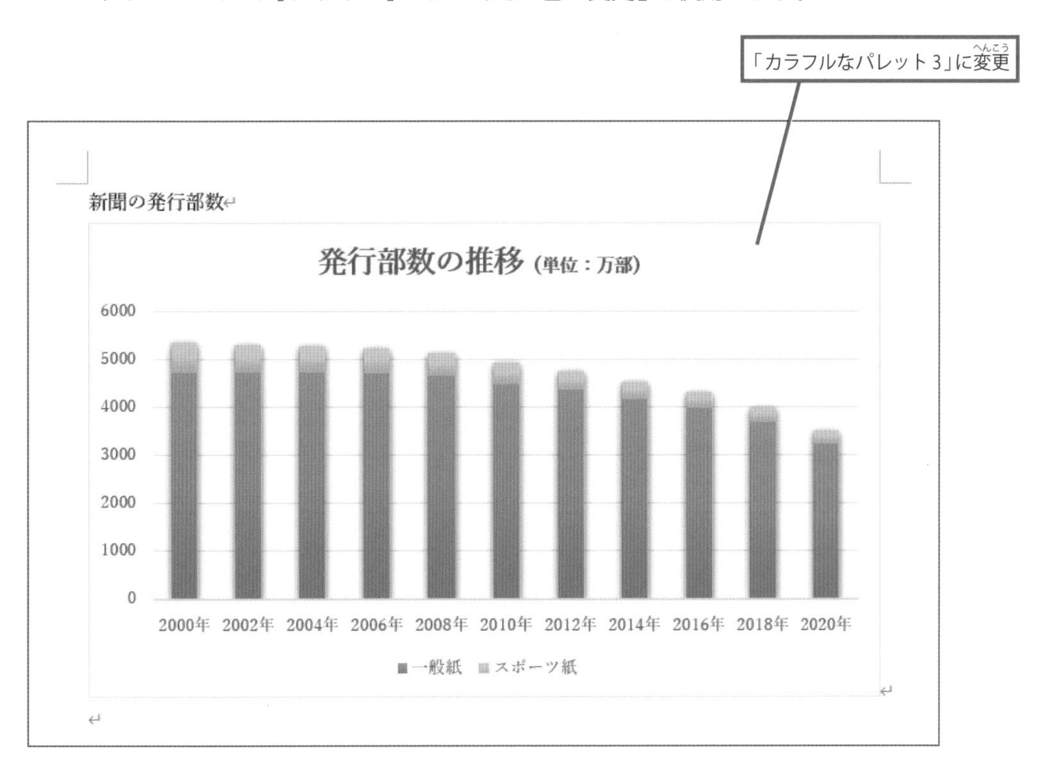

（4）縦軸、横軸、凡例の文字の書式を「游ゴシック Medium、8pt」に変更してみましょう。

15-3 折れ線グラフの作成と編集

（1）新しい文書に「子供の平均身長（cm）」と入力し、以下のようにグラフを作成してみましょう。

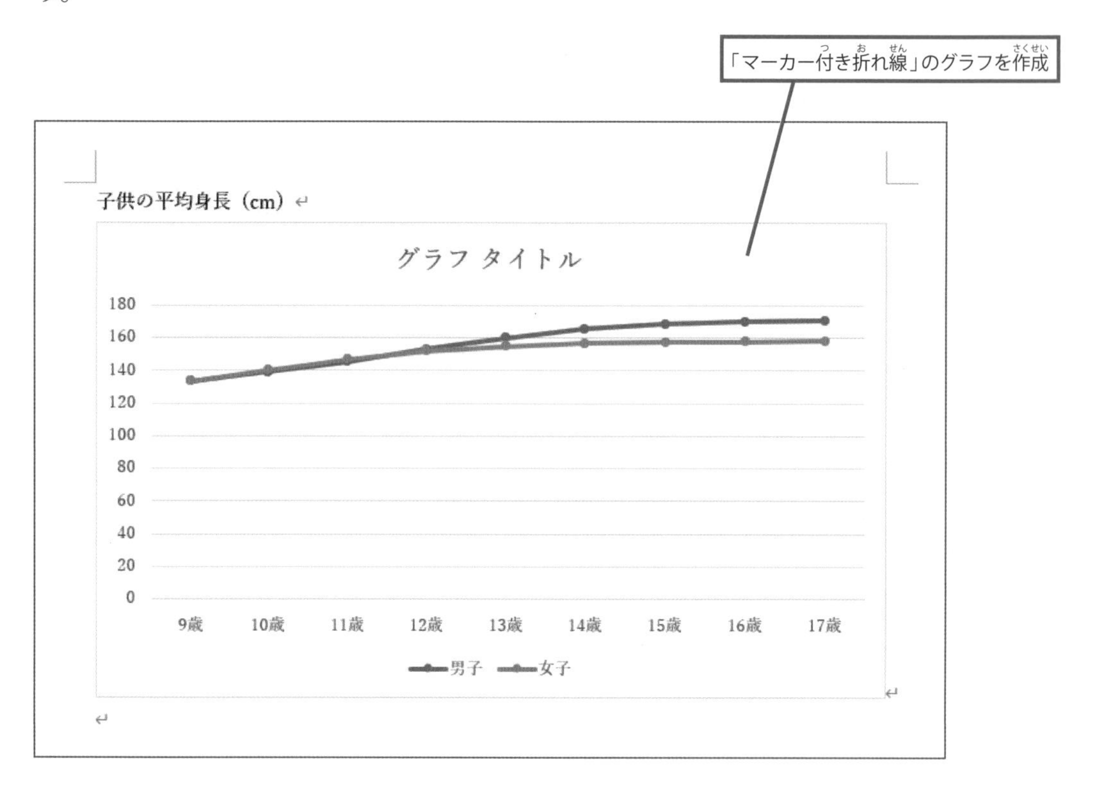

■グラフ作成用のデータ

	男子	女子
9歳	133.5	133.4
10歳	139.0	140.2
11歳	145.2	146.6
12歳	152.8	151.9
13歳	160.0	154.8
14歳	165.4	156.5
15歳	168.3	157.2
16歳	169.9	157.7
17歳	170.6	157.9

※文部科学省「令和元年度　学校保健統計」より

（2）グラフ スタイルを「スタイル11」に変更してみましょう。

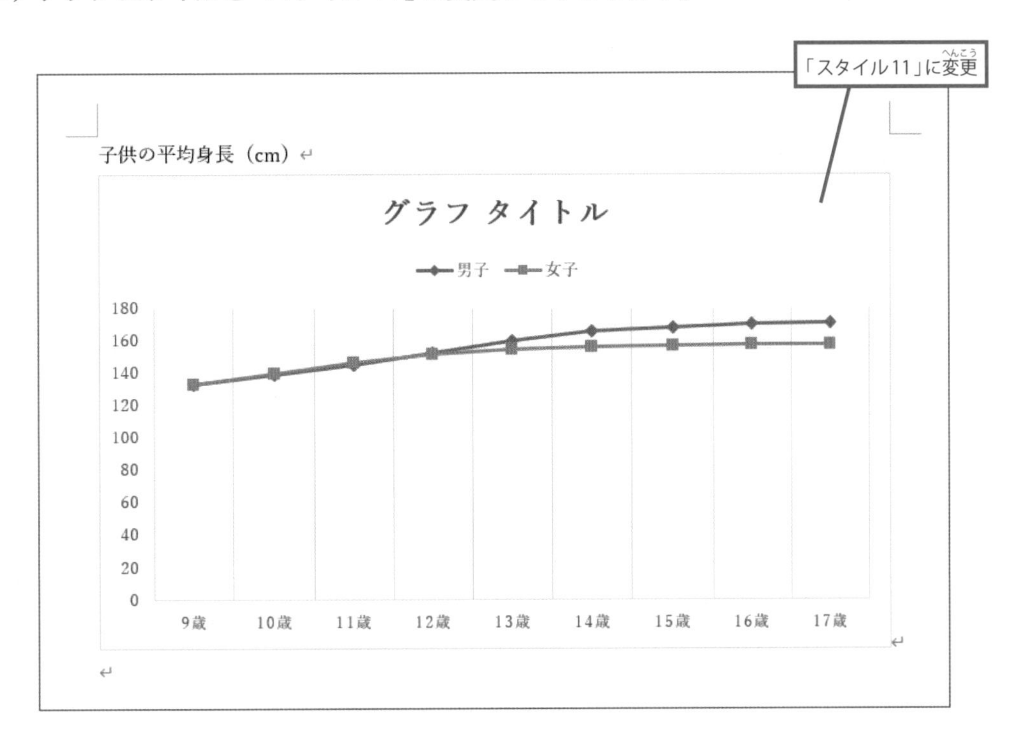

（3）グラフ タイトルを非表示にしてみましょう。続いて、横軸の目盛線を表示してみましょう。

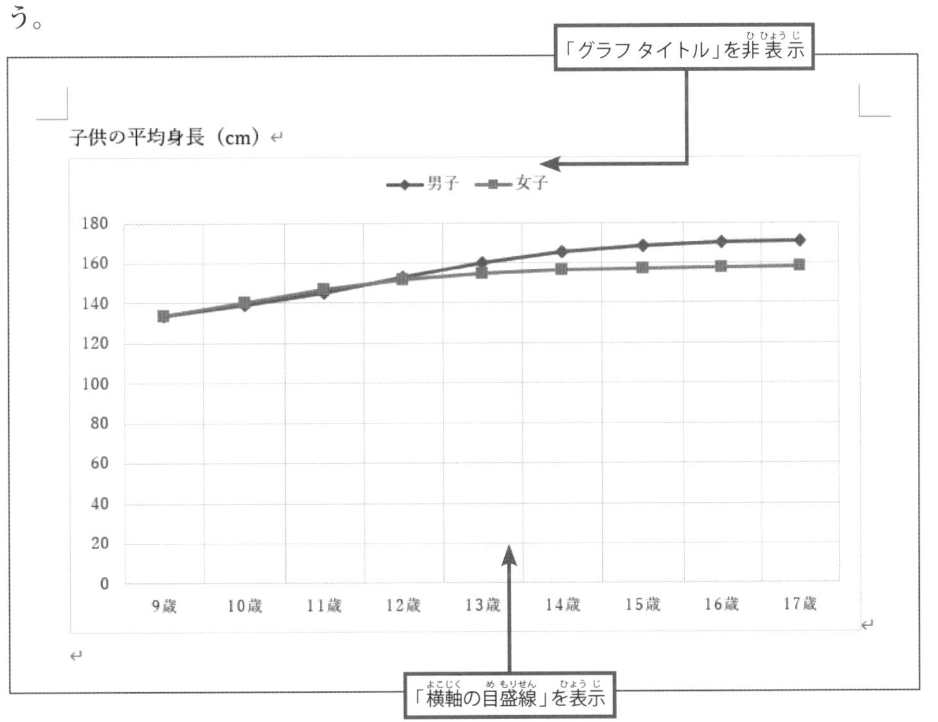

（4）「縦軸の範囲」を130～175、「目盛線の間隔」を5に変更してみましょう。

Hint： 縦軸の数値を右クリックし、「軸の書式設定」で指定します。

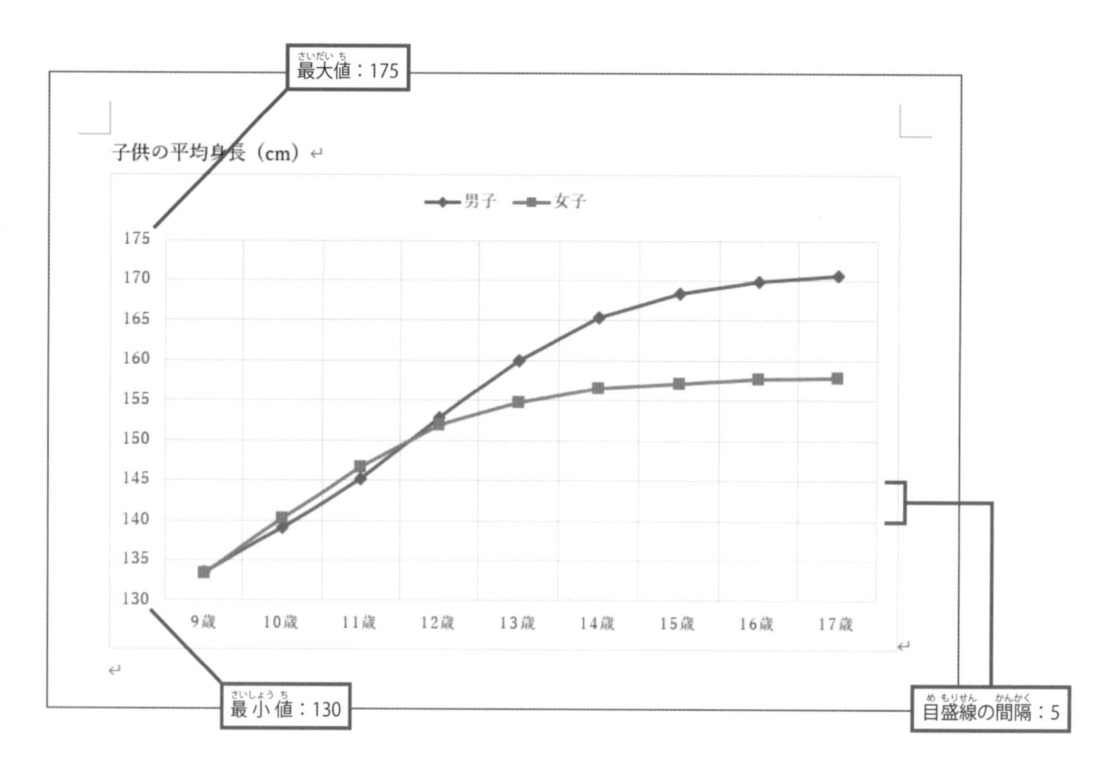

（5）「女子」の折れ線グラフの色を「赤」に変更してみましょう。

Hint：「女子」のグラフを右クリックし、「塗りつぶし」と「枠線」の色を変更します。

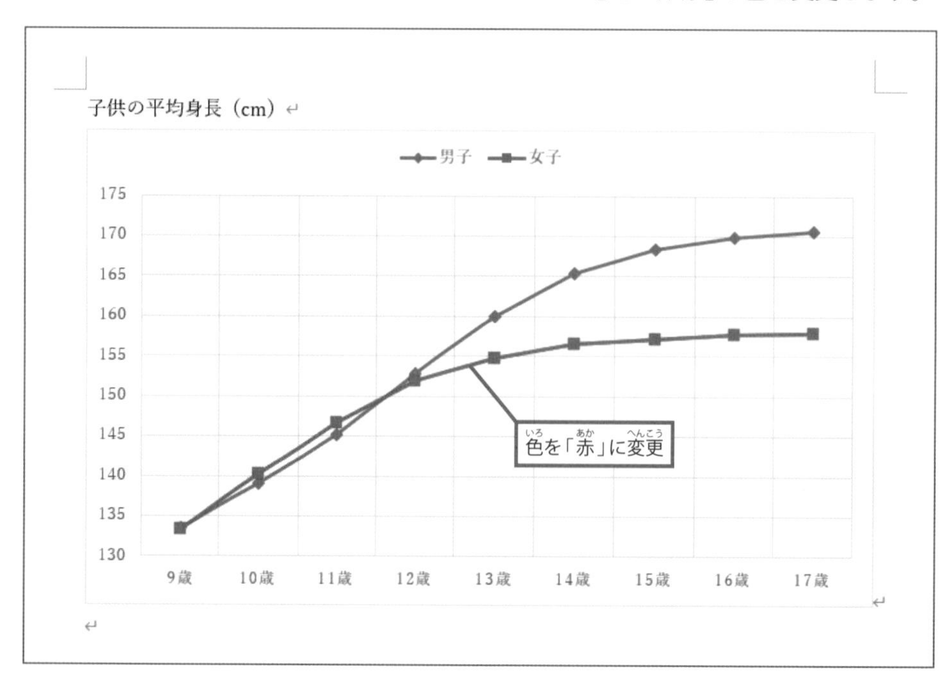

Step 16 SmartArtの作成と編集

16-1 SmartArtの作成

（1）新しい文書に「Web制作のオンライン講座」と入力し、「游ゴシック Medium、16pt」の書式を指定してみましょう。続いて、「手順」→「プロセス リスト」のSmartArtを作成し、以下の図のように文字を入力してみましょう。

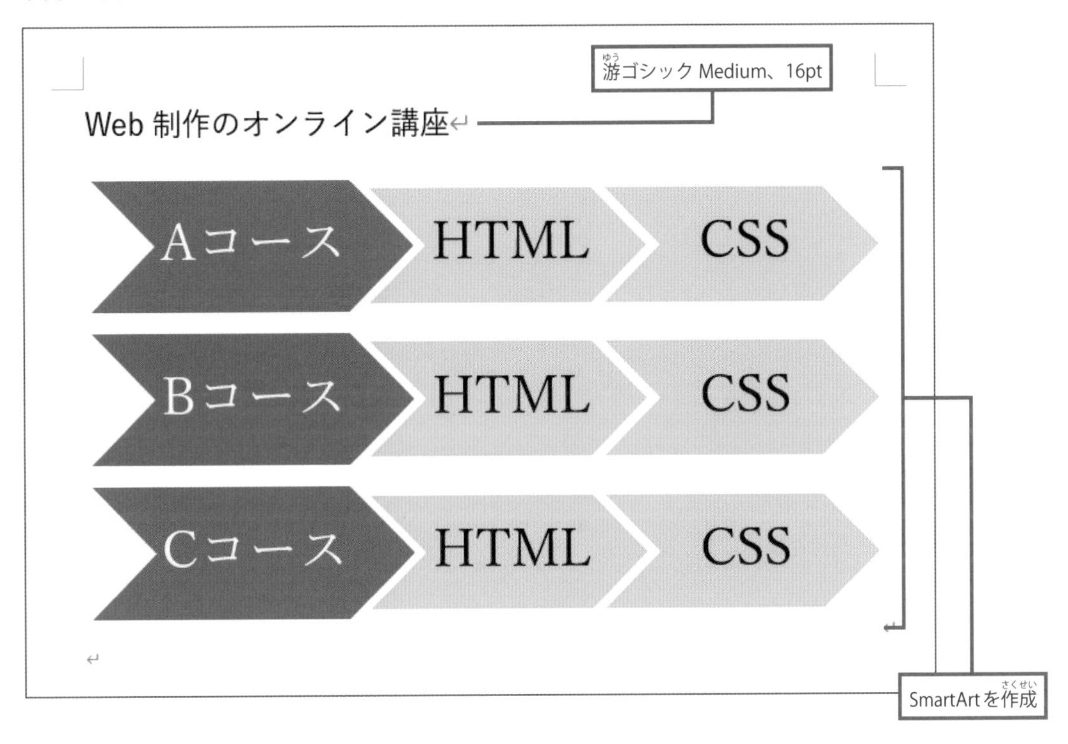

MEMO

SmartArtを作成するときは、［挿入］タブを選択し、「SmartArt」コマンドをクリックします。

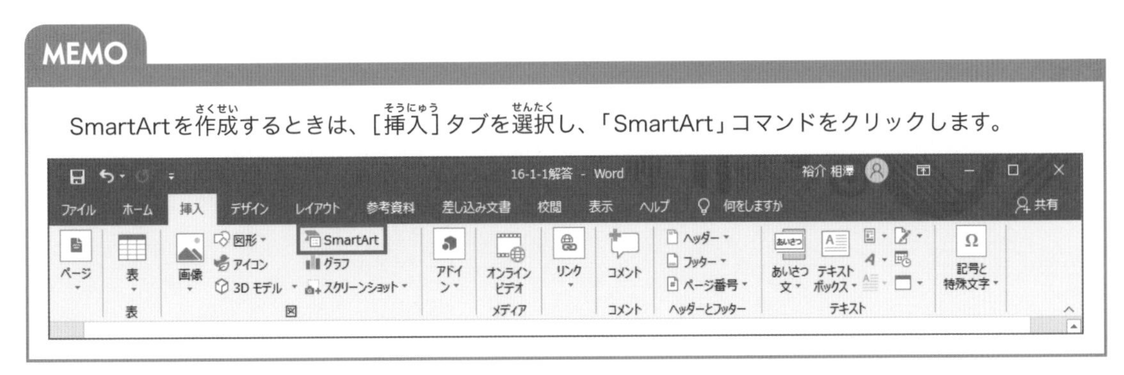

（2）以下のように「JavaScript」の図形を追加してみましょう。

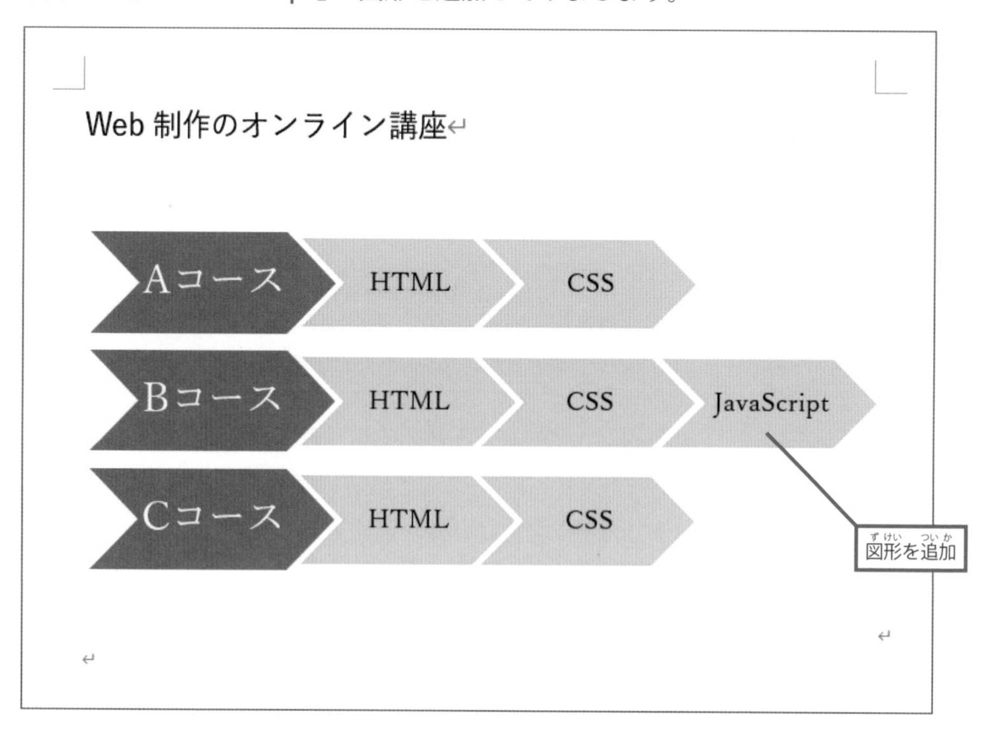

（3）さらに、「Webデザイン」と「アクセス解析」の図形を追加してみましょう。

Hint：図形内で改行するときは、[Shift] キーを押しながら [Enter] キーを押します。

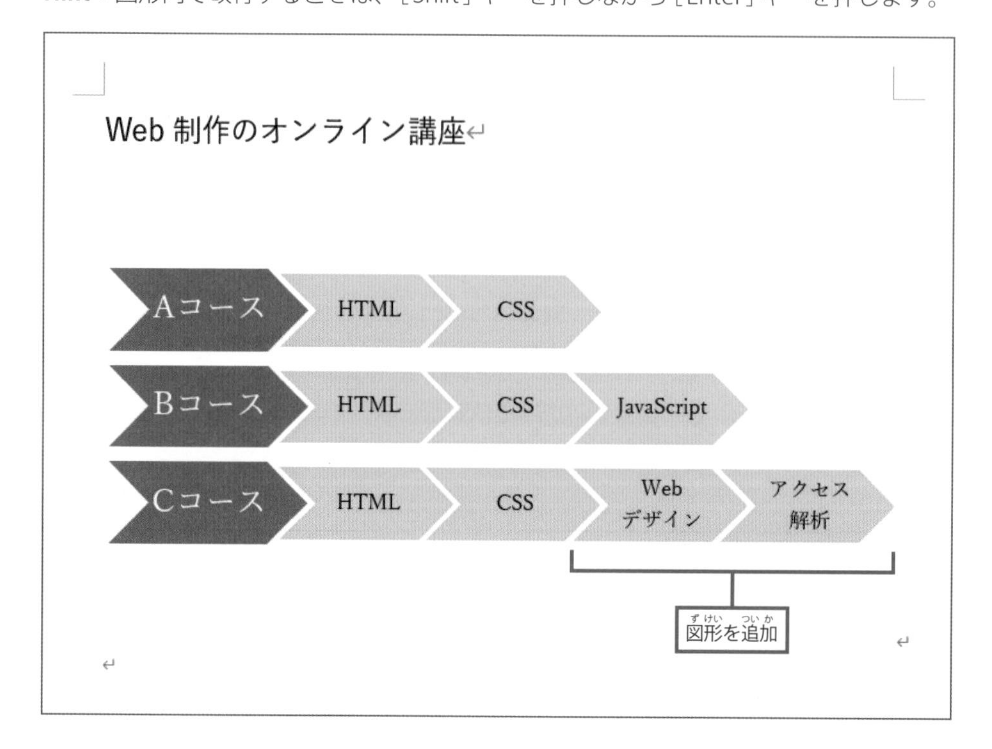

（4）SmartArtの高さを小さくして、文字との間隔を調整してみましょう。

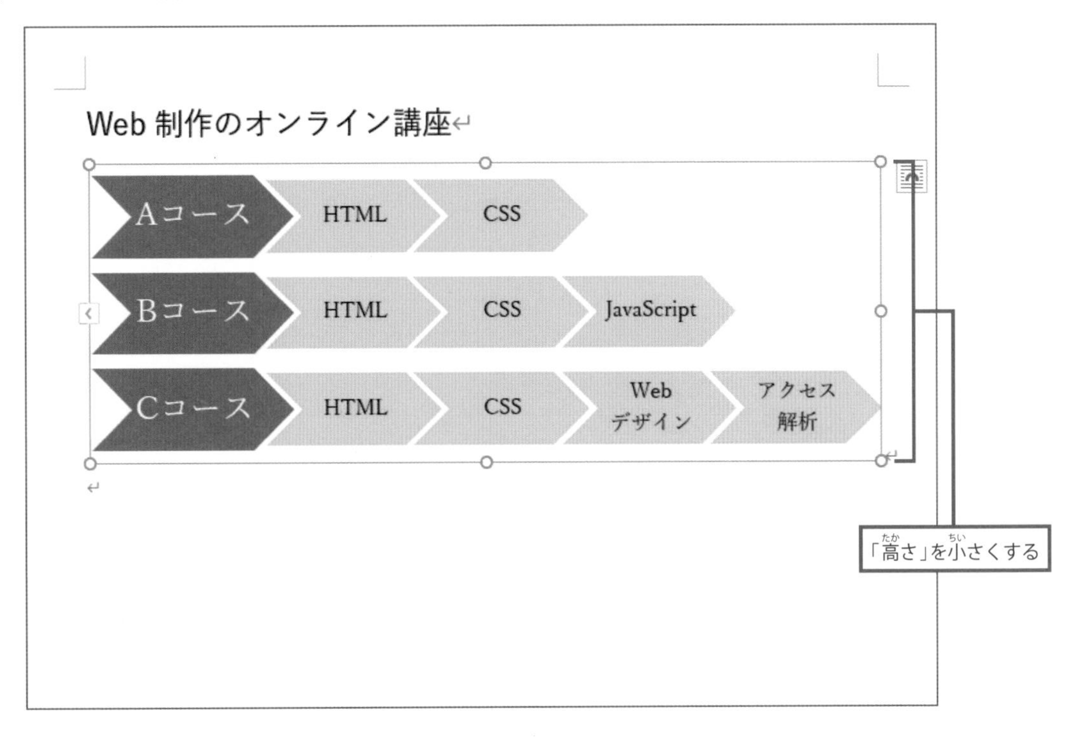

（5）それぞれの図形内にある文字の書式を以下のように変更してみましょう。

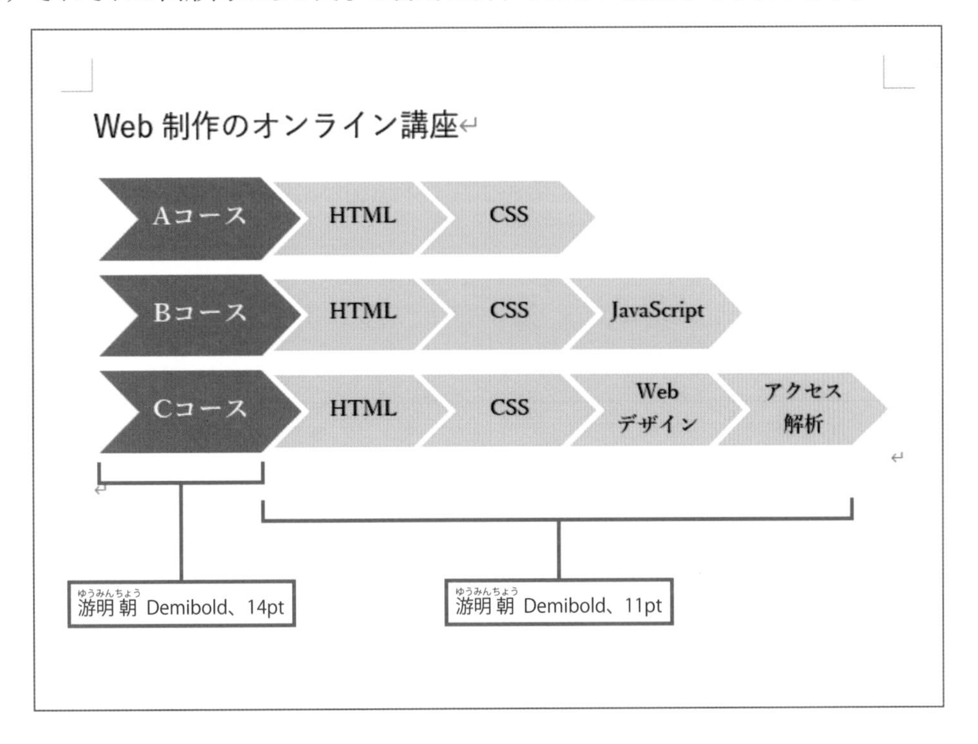

16-2 SmartArtのデザイン

（1）SmartArtの色を「カラフル - アクセント 5 から 6」に変更してみましょう。

Hint：SmartArtツールの［デザイン］タブにある「色の変更」を使用します。

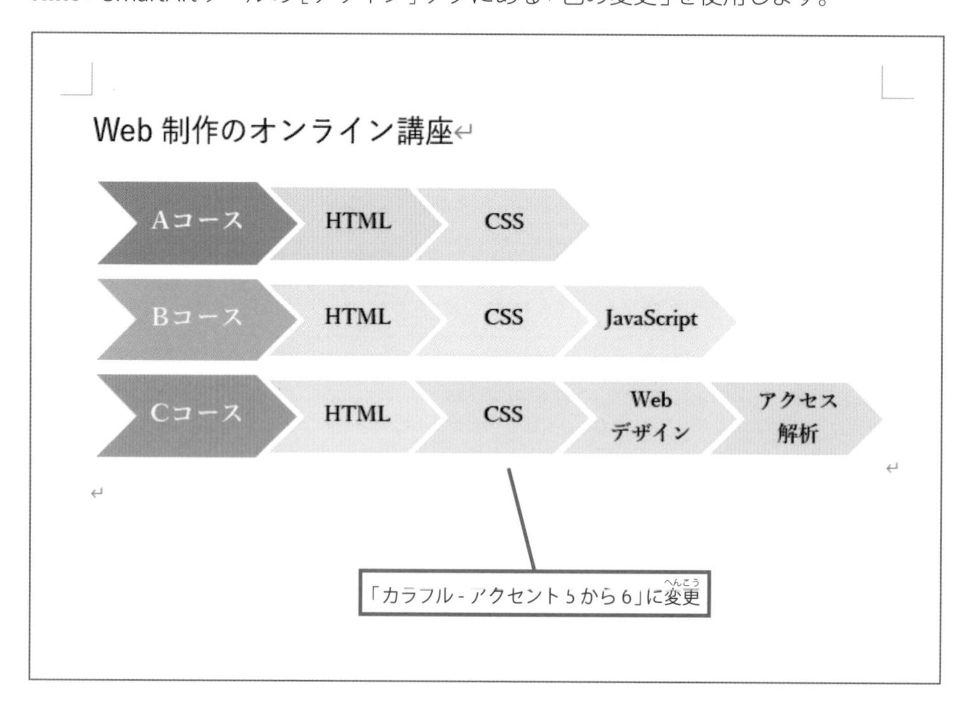

（2）SmartArtのスタイルを「パウダー」に変更してみましょう。

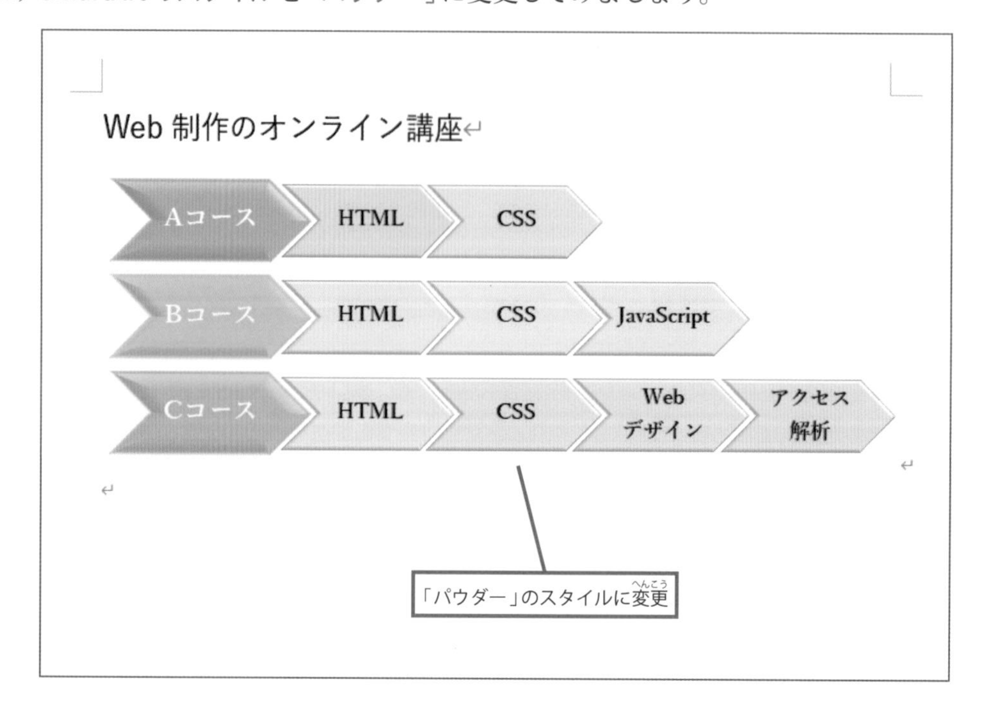

（3）SmartArtのスタイルを「シンプル」に戻してみましょう。

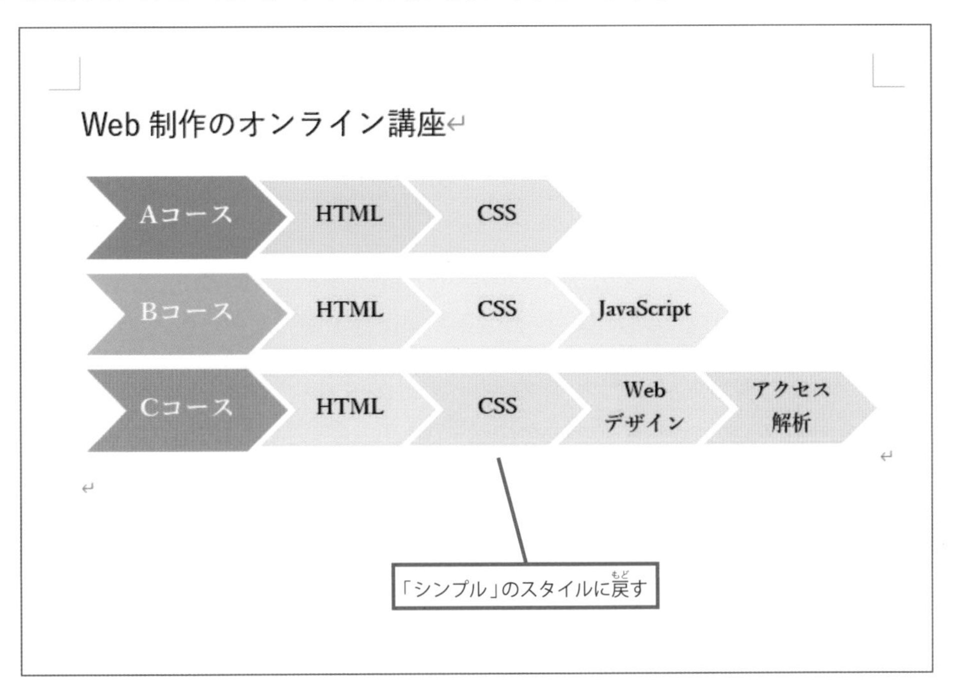

（4）以下のように各図形の色を変更してみましょう。
※それぞれの図形に「各自の好きな色」を指定します。

Hint：[Shift]キーを押しながら図形をクリックしていくと、複数の図形を同時に選択できます。

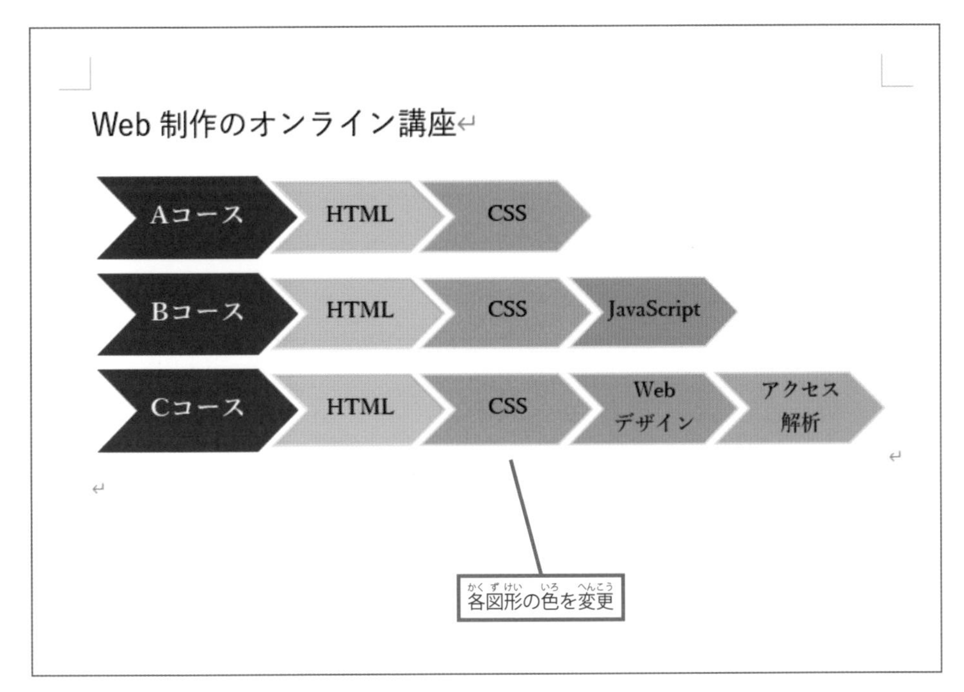

Step 17 タブの活用

17-1 タブ位置の指定

(1) 新しい文書を作成し、[編集記号ボタン]（編集記号の表示/非表示）をONにしてみましょう。続いて、以下のように文字を入力してみましょう。

Hint：→の部分には「タブ」を入力します（[Tab]キーを押します）。

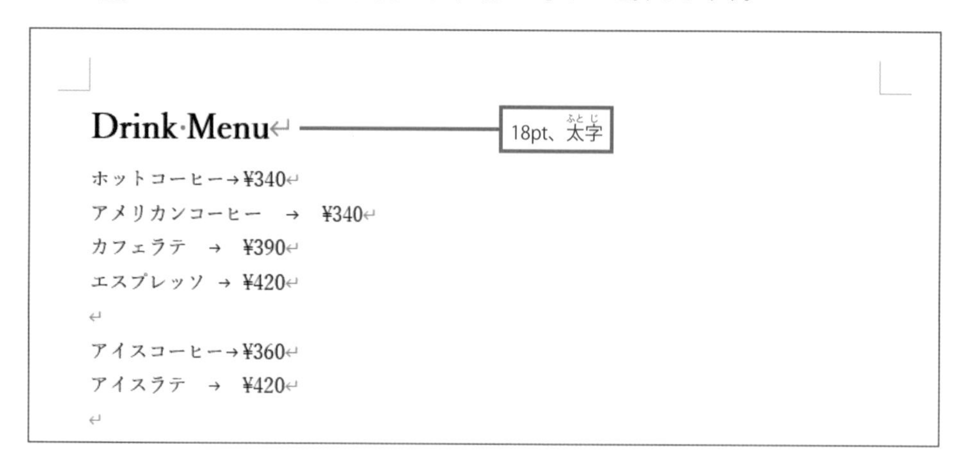

Drink·Menu↵

18pt、太字

ホットコーヒー→¥340↵
アメリカンコーヒー　→　¥340↵
カフェラテ　→　¥390↵
エスプレッソ　→　¥420↵
↵
アイスコーヒー→¥360↵
アイスラテ　→　¥420↵
↵

(2)「20字」の位置に「右揃え」のタブ位置とリーダーを指定し、以下のように配置してみましょう。続いて、[編集記号ボタン]（編集記号の表示/非表示）をOFFに戻してみましょう。

Drink Menu↵

ホットコーヒー……………………¥340↵
アメリカンコーヒー………………¥340↵
カフェラテ…………………………¥390↵
エスプレッソ………………………¥420↵
↵
アイスコーヒー……………………¥360↵
アイスラテ…………………………¥420↵
↵

20字

Step 18 検索と置換

18-1 文字の検索

（1）ステップ09で保存した「09-4-2スポーツ施設」を開き、文書から「予約」の文字を検索してみましょう。

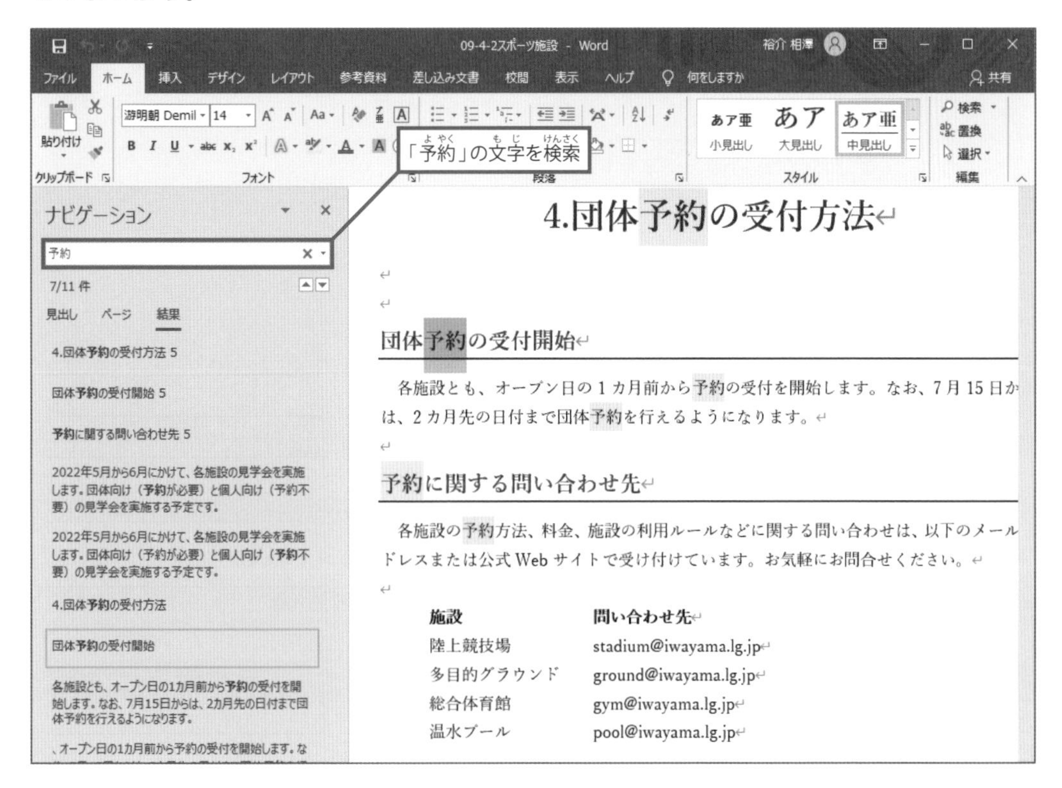

MEMO

検索や置換を実行するときは、［ホーム］タブを選択し、以下のコマンドをクリックします。

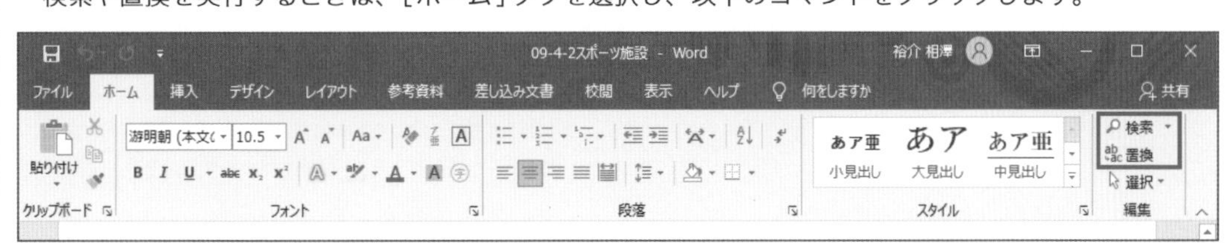

18-2 文字の置換

（1）置換を使って、文書内にある「2022年」の文字を「令和4年」に置き換えてみましょう。

プレイベント

新しいスポーツ施設のオープンに先立って、市内在住の小中学生を対象にスポーツ教室を開催します。日程は、2022年4月23日（土）～2022年4月24日（日）の2日間。日本を代表するアスリートが野球、サッカー、テニスの練習方法やテクニックなどを教えてくれます。

施設見学会

2022年5月から6月にかけて、各施設の見学会を実施し…と個人向け（予約不要）の見学会を実施する予定です。

3

「令和4年」に一括変更

プレイベント

新しいスポーツ施設のオープンに先立って、市内在住の小中学生…を開催します。日程は、令和4年4月23日（土）～令和4年4月…日本を代表するアスリートが野球、サッカー、テニスの練習方法や…くれます。

施設見学会

令和4年5月から6月にかけて、各施設の見学会を実施します。…と個人向け（予約不要）の見学会を実施する予定です。

3

各施設のオープン日

2022年7月から8月にかけて、完成した施設から順次オープンしていく予定です。各施設のオープン日は以下の日程を予定しています。

- 陸上競技場　2022年8月中旬
- 多目的グラウンド　2022年7月上旬
- 総合体育館　2022年8月上旬
- 温水プール　2022年7月下旬
- テニスコート　2022年8月上旬
- トレーニングジム　2022年7月中旬

団体会員登録の受付開始

クラブやサークルなどが練習目的で利用する場合は、あ…せておく必要があります。団体会員の登録は、2022年6月…

「令和4年」に一括変更

各施設のオープン日

令和4年7月から8月にかけて、完成した施設から順次オープン…施設のオープン日は以下の日程を予定しています。

- 陸上競技場　令和4年8月中旬
- 多目的グラウンド　令和4年7月上旬
- 総合体育館　令和4年8月上旬
- 温水プール　令和4年7月下旬
- テニスコート　令和4年8月上旬
- トレーニングジム　令和4年7月中旬

団体会員登録の受付開始

クラブやサークルなどが練習目的で利用する場合は、あらかじめ…せておく必要があります。団体会員の登録は、令和4年6月10日…

変更履歴の活用

19-1 変更履歴を使った文書の修正

（1）ステップ09で保存した「09-4-2スポーツ施設」を開き、「変更履歴の記録」をONにしてみましょう。

Hint：「変更履歴の記録」コマンドは［校閲］タブにあります。

（2）2ページ目へ移動し、以下のように文字を修正してみましょう。

1.リニューアル計画の概要

天然芝 → 多目的

スポーツ施設について

2022年7月にリニューアルされる「I-YAP」は、陸上競技場、~~天然芝~~多目的グラウンド、総合体育館、温水プール、トレーニングジムなどを備えた複合型のスポーツ施設です。高校生や大学生のクラブ活動をはじめ、各種スポーツ団体、市民サークルなどが低料金で利用できる新しいスポーツ施設として地域の活性化に寄与していきます。休日は一般開放も行われるため、市民の皆さんが気軽にスポーツを楽しむ場としてもご利用いただけます。

とおり → 通り

各施設の概要

各施設の概要は以下の~~とおり~~通りです。

陸上競技場

「400m×9 レーンの全天候型トラック」と「天然芝フィールド」を備えた陸上競技場。照明設備も設置されているため、夜間の利用も可能です。観客席の収容人数は約4,800人になります。

多目的グラウンド

サッカー、ラグビー、ラクロスなど、さまざまなスポーツに対応する80×120mの天然芝グラウンド。夜間利用のための照明設備を備え、約2,500人収容のスタンドが設置されています。

（3）続いて、3ページ目へ移動し、以下のように文字を修正してみましょう。

テニスコート

ハードコート8面、クレイコート2面、砂入り人工芝コート6面を備えています。ハードコートには照明設備が設置されているため、夜間の利用も可能です。

トレーニングルーム

筋トレマシン各種とフリーウェイトエリアを備えたトレーニングジム。ランニングマシンやエアロバイ［8時 → 10時］ます。個人利用が基本となります（貸し切り不可）。

食堂

朝7時から夜~~8時~~10時まで営業。パンやドリンク、菓子類などが販売されており、ドリンクの自動販売機も設置されています。

宿泊施設

合宿などに利用できる宿泊施設。シングル24室、ツイン44室のほか、最大8人まで泊まれる和室が計6部屋あります。

2.今後のスケジュール

小中学生 → 小学生

プレイベント

新しいスポーツ施設のオープンに先立って、市内在住の~~小中学生~~小学生を対象にスポーツ教室を開催します。日程は、2022年4月23日（土）～2022年4月24日（日）の2日間。日本を代表するアスリートが野球、サッカー、テニスの練習方法やテクニックなどを教えてくれます。

施設見学会

2022年5月から6月にかけて、各施設の見学会を実施します。団体向け（予約が必要）と個人向け（予約不要）の見学会を実施する予定です。

3

19-2 コメントの入力

（1）4ページ目へ移動し、「工事が遅れているため、7月下旬になるかもしれません。」というコメントを入力してみましょう。

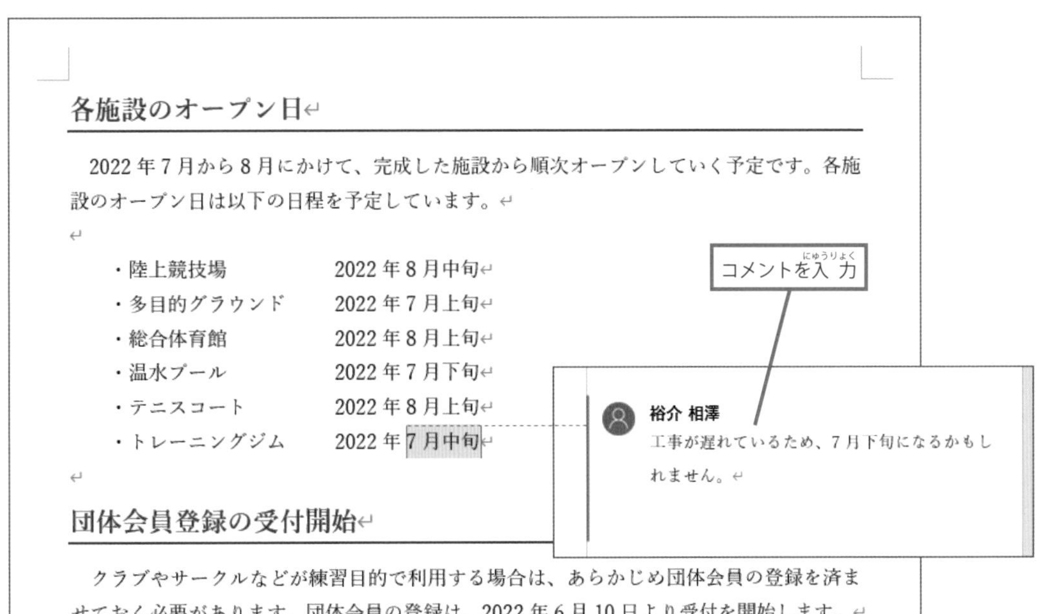

各施設のオープン日

2022年7月から8月にかけて、完成した施設から順次オープンしていく予定です。各施設のオープン日は以下の日程を予定しています。

- 陸上競技場　2022年8月中旬
- 多目的グラウンド　2022年7月上旬
- 総合体育館　2022年8月上旬
- 温水プール　2022年7月下旬
- テニスコート　2022年8月上旬
- トレーニングジム　2022年7月中旬

団体会員登録の受付開始

クラブやサークルなどが練習目的で利用する場合は、あらかじめ団体会員の登録を済ませておく必要があります。団体会員の登録は、2022年6月10日より受付を開始します。

3.プレイベント

イベント概要

2022年7月にリニューアルオープンされるスポーツ施設のプレイベントとして、日本を代表するアスリートが、野球、サッカー、テニスの練習方法やテクニックなどを直接指導するスポーツ教室を開催します。市内に在住の小学生、中学生であれば、誰でも無料で参加できます（ただし、事前登録が必要）。

イベント開催日時

- 2022年4月23日（土）
- 2022年4月24日（日）

両日とも午前10時～午後4時（昼食1時間あり）

（2）演習（1）で作成した文書を「19-2-2スポーツ施設（修正）」という名前でファイルに保存してみましょう。

19-3 変更履歴の確認とコメントの削除

（1）「19-2-2スポーツ施設（修正）」を開き、3ページ目の変更履歴を承諾してみましょう。

テニスコート

ハードコート8面、クレイコート2面、砂入り人工芝コート6面を備えています。ハードコートには照明設備が設置されているため、夜間の利用も可能です。

トレーニングルーム

筋トレマシン各種とフリーウェイトエリアを備えたトレーニングジム。ランニングマシンやエアロバイクなどもあります。個人利用が基本となります（貸し切り不可）。

承諾する

食堂

朝7時から夜10時まで営業。パンやドリンク、菓子類などが販売されており、ドリンクの自動販売機も設置されています。

宿泊施設

合宿などに利用できる宿泊施設。シングル24室、ツイン44室のほか、最大8人まで泊まれる和室が計6部屋あります。

2.今後のスケジュール

承諾する

プレイベント

新しいスポーツ施設のオープンに先立って、市内在住の小学生を対象にスポーツ教室を開催します。日程は、2022年4月23日（土）～2022年4月24日（日）の2日間。日本を代表するアスリートが野球、サッカー、テニスの練習方法やテクニックなどを教えてくれます。

施設見学会

2022年5月から6月にかけて、各施設の見学会を実施します。団体向け（予約が必要）と個人向け（予約不要）の見学会を実施する予定です。

3

（2）続いて、2ページ目の変更履歴を以下のように処理してみましょう。

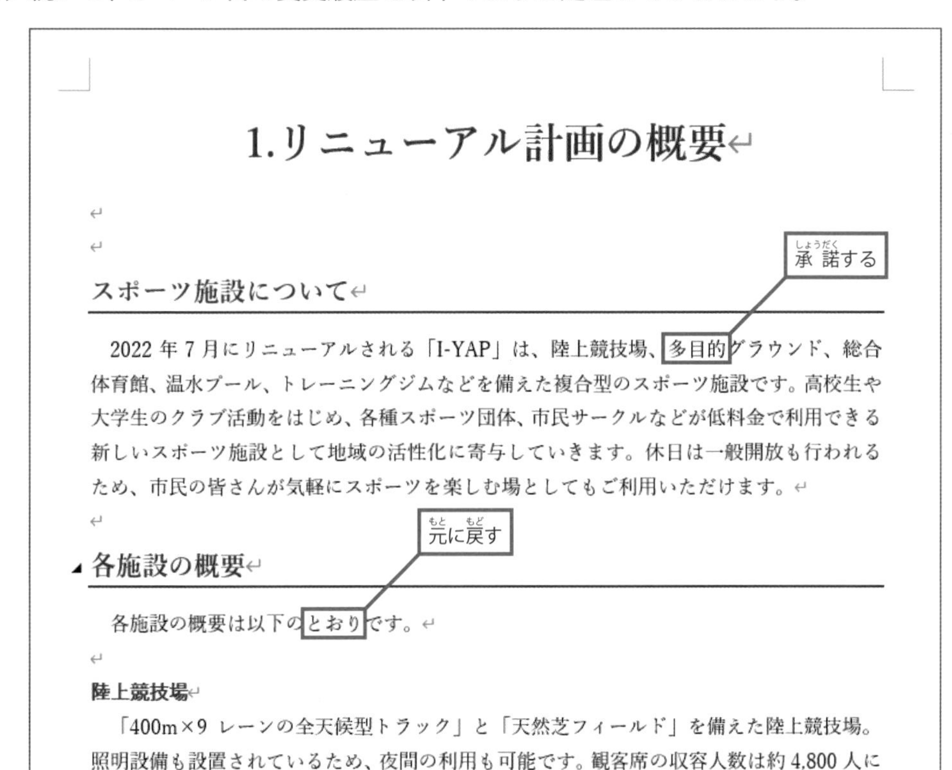

1.リニューアル計画の概要

スポーツ施設について

2022年7月にリニューアルされる「I-YAP」は、陸上競技場、多目的グラウンド、総合体育館、温水プール、トレーニングジムなどを備えた複合型のスポーツ施設です。高校生や大学生のクラブ活動をはじめ、各種スポーツ団体、市民サークルなどが低料金で利用できる新しいスポーツ施設として地域の活性化に寄与していきます。休日は一般開放も行われるため、市民の皆さんが気軽にスポーツを楽しむ場としてもご利用いただけます。

各施設の概要

各施設の概要は以下のとおりです。

陸上競技場

「400m×9レーンの全天候型トラック」と「天然芝フィールド」を備えた陸上競技場。照明設備も設置されているため、夜間の利用も可能です。観客席の収容人数は約4,800人に

（3）「変更履歴の記録」をOFFに戻してみましょう。

（4）4ページ目にあるコメントを削除し、「7月中旬」を「7月下旬」に変更してみましょう。

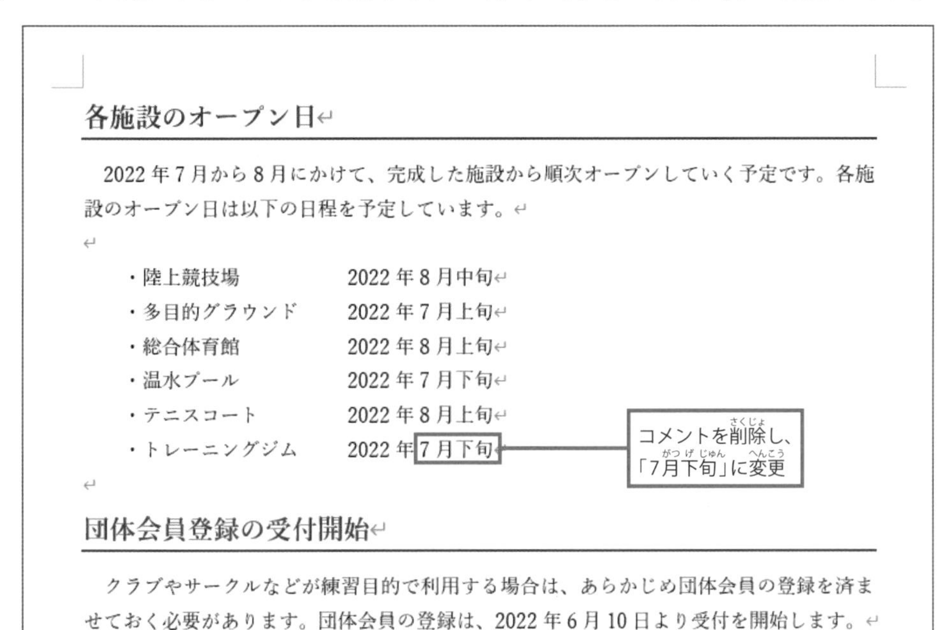

各施設のオープン日

2022年7月から8月にかけて、完成した施設から順次オープンしていく予定です。各施設のオープン日は以下の日程を予定しています。

・陸上競技場	2022年8月中旬
・多目的グラウンド	2022年7月上旬
・総合体育館	2022年8月上旬
・温水プール	2022年7月下旬
・テニスコート	2022年8月上旬
・トレーニングジム	2022年7月下旬

団体会員登録の受付開始

クラブやサークルなどが練習目的で利用する場合は、あらかじめ団体会員の登録を済ませておく必要があります。団体会員の登録は、2022年6月10日より受付を開始します。

Step 20

数式の入力

20-1 数式ツールを使った数式の入力

（1）新しい文書に「2乗の総和」と入力し、以下のように数式を入力してみましょう。

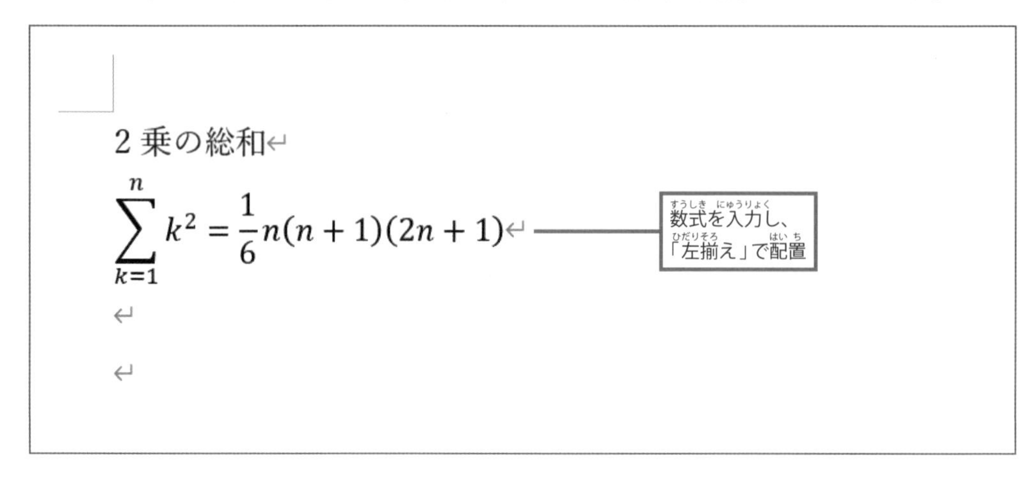

（2）続いて、「ベクトルの大きさ」と入力し、以下のように数式を入力してみましょう。

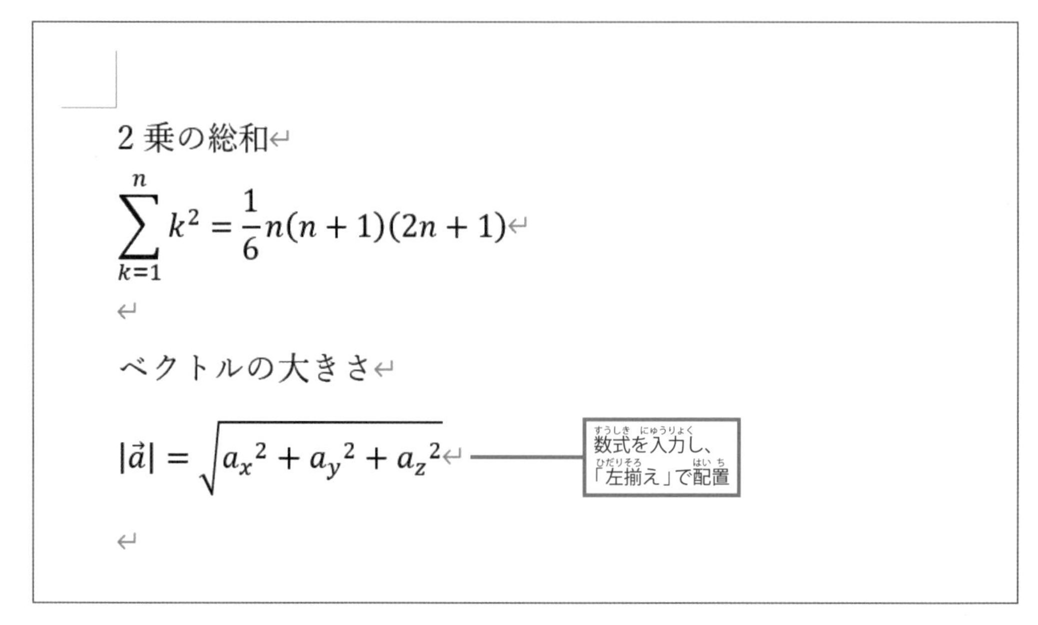

◆Memo◆

ご質問がある場合は・・・

本書の内容についてご質問がある場合は、本書の書名ならびに掲載箇所のページ番号を明記の上、FAX・郵送・Eメールなどの書面にてお送りください（宛先は下記を参照）。電話でのご質問はお断りいたします。また、本書の内容を超えるご質問に関しては、回答を控えさせていただく場合があります。

新刊書籍、執筆陣が講師を務めるセミナーなどをメールでご案内します

登録はこちらから

https://www.cutt.co.jp/ml/entry.php

情報演習 52

留学生のための

Wordドリルブック Word 2019 対応

2021年3月10日　初版第1刷発行

著　者　　相澤 裕介
発行人　　石塚 勝敏
発　行　　株式会社 カットシステム
　　　　　〒169-0073 東京都新宿区百人町4-9-7　新宿ユーエストビル8F
　　　　　TEL　(03)5348-3850　　FAX　(03)5348-3851
　　　　　URL　https://www.cutt.co.jp/
　　　　　振替　00130-6-17174
印　刷　　シナノ書籍印刷 株式会社

本書に関するご意見、ご質問は小社出版部宛まで文書か、sales@cutt.co.jp 宛にe-mailでお送りください。電話によるお問い合わせはご遠慮ください。また、本書の内容を超えるご質問にはお答えできませんので、あらかじめご了承ください。

Cover design *Y. Yamaguchi*

Printed in Japan　ISBN 978-4-87783-792-1

30ステップで基礎から実践へ！ ステップバイステップ方式で確実な学習効果をねらえます

留学生向けのルビ付きテキスト（漢字にルビをふってあります）

情報演習 C ステップ 30 （Windows 10 版）
留学生のためのタイピング練習ワークブック
ISBN978-4-87783-800-3 ／本体 800 円

情報演習 38 ステップ 30
留学生のための Word 2016 ワークブック
ISBN978-4-87783-795-2 ／本体 900 円 本文カラー

情報演習 39 ステップ 30
留学生のための Excel 2016 ワークブック
ISBN978-4-87783-796-9 ／本体 900 円 本文カラー

情報演習 42 ステップ 30
留学生のための PowerPoint 2016 ワークブック
ISBN978-4-87783-805-8 ／本体 900 円 本文カラー

情報演習 49 ステップ 30
留学生のための Word 2019 ワークブック
ISBN978-4-87783-789-1 ／本体 900 円 本文カラー

情報演習 50 ステップ 30
留学生のための Excel 2019 ワークブック
ISBN978-4-87783-790-7 ／本体 900 円 本文カラー

情報演習 51 ステップ 30
留学生のための PowerPoint 2019 ワークブック
ISBN978-4-87783-791-4 ／本体 900 円 本文カラー

情報演習 47 ステップ 30
留学生のための HTML5 & CSS3 ワークブック
ISBN978-4-87783-808-9 ／本体 900 円

情報演習 48 ステップ 30
留学生のための JavaScript ワークブック
ISBN978-4-87783-807-2 ／本体 900 円

情報演習 43 ステップ 30
留学生のための Python［基礎編］ワークブック
ISBN978-4-87783-806-5 ／本体 900 円／ A4 判

留学生向けドリル形式のテキストシリーズ

情報演習 44
留学生のための Word ドリルブック
ISBN978-4-87783-797-6 ／本体 900 円 本文カラー

情報演習 45
留学生のための Excel ドリルブック
ISBN978-4-87783-789-3 ／本体 900 円 本文カラー

情報演習 46
留学生のための PowerPoint ドリルブック
ISBN978-4-87783-799-0 ／本体 900 円 本文カラー

タッチタイピングを身につける

情報演習 B ステップ 30
タイピング練習ワークブック Windows 10 版
ISBN978-4-87783-838-6 ／本体 800 円

Office のバージョンに合わせて選べる

情報演習 26 ステップ 30
Word 2016 ワークブック
ISBN978-4-87783-832-4 ／本体 900 円 本文カラー

情報演習 27 ステップ 30
Excel 2016 ワークブック
ISBN978-4-87783-833-1 ／本体 900 円 本文カラー

情報演習 28 ステップ 30
PowerPoint 2016 ワークブック
ISBN978-4-87783-834-8 ／本体 900 円 本文カラー

情報演習 55 ステップ 30
Word 2019 ワークブック
ISBN978-4-87783-842-3 ／本体 900 円 本文カラー

情報演習 56 ステップ 30
Excel 2019 ワークブック
ISBN978-4-87783-843-0 ／本体 900 円 本文カラー

情報演習 57 ステップ 30
PowerPoint 2019 ワークブック
ISBN978-4-87783-844-7 ／本体 900 円 本文カラー

Photoshop を基礎から学習

情報演習 30 ステップ 30
Photoshop CS6 ワークブック
ISBN978-4-87783-831-7 ／本体 1,000 円 本文カラー

ホームページ制作を基礎から学習

情報演習 35 ステップ 30
HTML5 & CSS3 ワークブック［第 2 版］
ISBN978-4-87783-840-9 ／本体 900 円

情報演習 36 ステップ 30
JavaScript ワークブック［第 3 版］
ISBN978-4-87783-841-6 ／本体 900 円

コンピュータ言語を基礎から学習

情報演習 31 ステップ 30
Excel VBA ワークブック
ISBN978-4-87783-835-5 ／本体 900 円

情報演習 32 ステップ 30
C 言語ワークブック 基礎編
ISBN978-4-87783-836-2 ／本体 900 円

情報演習 6 ステップ 30
C 言語ワークブック
ISBN978-4-87783-820-1 ／本体 800 円

情報演習 7 ステップ 30
C++ ワークブック
ISBN978-4-87783-822-5 ／本体 800 円

情報演習 8 ステップ 30
Java ワークブック
ISBN978-4-87783-824-9 ／本体 800 円

情報演習 33 ステップ 30
Python［基礎編］ワークブック
ISBN978-4-87783-837-9 ／本体 900 円

ローマ字一覧

あ行

あ	A ち	
い	I に	
う	U な	
え	E い	
お	O ら	
ぁ	X さ	A ち
ぃ	X さ	I に
ぅ	X さ	U な
ぇ	X さ	E い
ぉ	X さ	O ら

か行

か	K の	A ち	
き	K の	I に	
く	K の	U な	
け	K の	E い	
こ	K の	O ら	
きゃ	K の	Y ん	A ち
きゅ	K の	Y ん	U な
きょ	K の	Y ん	O ら

さ行

さ	S と	A ち	
し	S と	I に	
す	S と	U な	
せ	S と	E い	
そ	S と	O ら	
しゃ	S と	Y ん	A ち
しゅ	S と	Y ん	U な
しょ	S と	Y ん	O ら

た行

た	T か	A ち	
ち	T か	I に	
つ	T か	U な	
て	T か	E い	
と	T か	O ら	
ちゃ	T か	Y ん	A ち
ちゅ	T か	Y ん	U な
ちょ	T か	Y ん	O ら

な行

な	N み	A ち	
に	N み	I に	
ぬ	N み	U な	
ね	N み	E い	
の	N み	O ら	
にゃ	N み	Y ん	A ち
にゅ	N み	Y ん	U な
にょ	N み	Y ん	O ら

は行

は	H く	A ち	
ひ	H く	I に	
ふ	H く	U な	
へ	H く	E い	
ほ	H く	O ら	
ひゃ	H く	Y ん	A ち
ひゅ	H く	Y ん	U な
ひょ	H く	Y ん	O ら

ま行

ま	M も	A ち	
み	M も	I に	
む	M も	U な	
め	M も	E い	
も	M も	O ら	
みゃ	M も	Y ん	A ち
みゅ	M も	Y ん	U な
みょ	M も	Y ん	O ら